LE ZEN MACROBIOTIQUE

DU MÊME AUTEUR

Ouvrages en français

— Le Principe Unique de la Science et de la Philosophie
  d'Extrême-Orient (Paris, Vrin, 1931, 1951, 1989)
— Le Livre des fleurs (Paris, Vrin, 1990, 2ᵉ édition)
— L'Acupuncture et la Médecine d'Extrême-Orient
  (Paris, Vrin, 1998, 2ᵉ édition)
— Le Livre du Judo (Paris, CIMO, 1989)
— La Philosophie de la Médecine d'Extrême-Orient
  Le Livre du Jugement Suprême
  (Paris, Vrin, 1997, 3ᵉ édition)
— Jack et Madame Mitie en Occident
  (Paris, Vrin, 1991, 2ᵉ édition)
— L'enfance de Benjamin Franklin
  (Paris, Vrin, 2002)
— L'Ère atomique et la Philosophie d'Extrême-Orient
  (Paris, Vrin, 1989, 2ᵉ édition)
— Le Zen macrobiotique ou l'art du rajeunissement
  et de la longévité (Paris, Vrin, 1993, 2ᵉ édition)
— Le Cancer et la Philosophie d'Extrême-Orient
  (Paris, Vrin, 1991)
— 4 000 d'histoire de la Chine
  (Paris, Vrin, 1998, 2ᵉ édition)
— Le Livre de la vie macrobiotique (Paris, Vrin, 1970)
— Les Deux Grands Indiens au Japon (Paris, Vrin, 1998)
— Clara Schumann et la dialectique du Principe Unique
  (Gent, Kusa, 1981)
— Gandhi, Un enfant Eternel (Paris, Trédaniel, 1982)

———————

— La Santé et la macrobiotique par Françoise Rivière.
  Complément du Zen macrobiotique
  (Paris, Vrin, 1996, 2ᵉ édition)

LE ZEN MACROBIOTIQUE

ou
l'art du rajeunissement
et de la longévité

PAR
Georges OHSAWA
(Nyoiti SAKURAZAWA)

PARIS
LIBRAIRIE PHILOSOPHIQUE J. VRIN
6, PLACE DE LA SORBONNE, Vᵉ
2015

© *Librairie Philosophique J. Vrin,* 1993, 2004

Imprimé en France

ISBN 978-2-7116-4133-8

PRÉFACE

Bien que Georges Ohsawa soit déjà largement connu, grâce à ses publications, à ses conférences et surtout à ses guérisons, il n'est pas inutile de rappeler qu'il est né le 18 octobre 1893 à Kyoto et qu'il est venu pour la première fois en France dès avant les hostilités, où il forma aussitôt un cercle d'amis. Emprisonné dans son pays pendant la guerre, condamné à mort, il fut sauvé par le débarquement des Américains. Sans rien posséder en propre, il a cependant fait, avec sa charmante femme, plusieurs fois le tour du monde, ainsi que de longs séjours en Europe et aux Etats-Unis, où ses idées ont provoqué des investissements considérables. Agé maintenant de près de 70 ans, il déborde d'activité, se contentant de trois ou quatre heures de sommeil par nuit, témoignage vivant de l'excellence de ses principes.

Ceux-ci reposent sur la liaison entre l'esprit et le corps, admise depuis des milliers d'années par les religions d'Orient et découverte récemment par notre médecine. Pour ses cures, G. Ohsawa ne prescrit guère de remède, surtout pas sous forme de produits pharmaceutiques. Dans le domaine physique, il recommande un changement radical de régime alimentaire, agrémenté de quelques plantes pour des cas spécifiques.

Dans le domaine de l'esprit, Ohsawa insiste sur un renversement complet d'attitude devant la vie. Il part de

l'idée, à laquelle étaient arrivés également des philo-
sophes comme Spinoza ou Teilhard de Chardin, que
l'homme n'est pas une entité séparée dans un univers
créé pour le servir, mais que, né du limon de la terre,
il est seulement le dernier chaînon dans le temps d'une
série d'êtres avec lesquels il reste en symbiose. Non seulement il demeure lié à ses origines, mais il est solidaire
de tous ses semblables ; nos voisins sont nos frères
comme les hommes des antipodes, comme les animaux
qui ont la même physiologie que nous, comme les
plantes soumises comme nous à la naissance et à la mort,
et même comme les pierres, qui obéissent aux mêmes
lois que le reste de l'univers.

Le tout, qui se ramène aux infiniments petits com-
muns, est porté par un souffle qui nous conduit vers un
but inconnu. De sorte que nous sommes tous sur le
même navire, dont nous avons l'illusion de sortir par la
mort. Pourquoi dans ces conditions lutter pour amasser,
au détriment des autres, et par suite du nôtre, des biens
que nous perdrons ? Le monde forme une unité, où
chaque créature porte une parcelle de vie qui nous rend
analogues et interdépendants ; aussi est-ce un crime, dit
Ohsawa, dont nous sommes ou serons punis, de gaspiller
un seul grain de riz, ou d'en manger trop, alors que tant
d'hommes sont sous-alimentés.

A cette notion de dépendance est attachée celle du
sacrifice, qui est également à la base de toutes les religions : sacrifice de la terre qui nourrit les plantes, des
plantes qui alimentent les animaux et les êtres à sang
rouge, les plus évolués de ces derniers se sacrifient également afin de préparer la venue de la future incarnation
et l'avènement de ce que saint Paul appelle la parousie.

Cette conception de la vie et la discipline alimentaire prêchée par Ohsawa, qui bouleversent nos habitudes, ont pour conséquence de nous assurer le bonheur, celui dont ont bénéficié les peuples d'Asie pendant des milliers d'années. Tous les voyageurs en Orient témoignent unanimement que, de la Birmanie au Japon, les sourires dominent, malgré la misère et les famines, les animaux eux-mêmes semblant participer de la bienveillance générale et craignant moins l'homme qu'en Europe. C'est que les Jaunes avaient bien trouvé la poudre explosive, mais ils ne l'utilisaient que pour des feux d'artifice, tandis que les Blancs l'employèrent rapidement à d'autres usages, qui les menèrent à la bombe à hydrogène. Une halte s'impose pour réviser nos principes et renverser la vapeur. C'est également dans cet espoir que G. Ohsawa, qui est président de l'Association Japonaise pour le gouvernement mondial, répand inlassablement ses idées.

Attaqué par l'ordre des médecins devant la 16e Chambre Correctionnelle de la Seine pour exercice illégal de la médecine, le Tribunal l'a acquitté en motivant son jugement dans ces termes rapportés comme suit par *Justice Magazine* d'août 1960.

« Ohsawa professe un système philosophique d'origine extrême-orientale, dans lequel l'homme apparaît soumis à des forces antagonistes qualifiées de "Yin et de Yang".

« D'autre part, le but de la philosophie d'Extrême-Orient est de permettre à l'homme d'atteindre "le bonheur éternel et la liberté infinie" ; pour cela, il doit pratiquer le détachement, ce qui implique l'obligation de donner jusqu'au sacrifice. Il s'ensuit que l'homme ne doit consommer que la nourriture strictement indispensable à la réalisation de son équilibre, car les biens de consommation étant en quantités limitées, tout excès est préjudiciable à autrui et contraire à la notion de détachement.

« Ainsi, Ohsawa a été amené à concevoir un régime alimentaire conforme à ses conceptions philosophiques et morales ; il apparaît tout de suite que, dans un tel système, la médecine constitue seulement une branche de la philosophie et se confond avec la diététique, sans qu'on puisse attribuer à ces termes le sens qui est le leur en Occident.

« Pour répandre son enseignement, Ohsawa a entrepris des voyages à travers le monde et, depuis 1957, il a séjourné à plusieurs reprises à Paris où il a donné un certain nombre de conférences. Des médecins parisiens, s'intéressant à la diététique et cherchant à enrichir leurs connaissances dans ce domaine par un apport extrême-oriental, sont entrés en relations avec lui, ont travaillé avec lui dans leurs laboratoires ou au sein de certains groupements, lui ont demandé des avis et des conseils.

« Ces faits ne sauraient constituer des actes d'exercice illégal en médecine ; en effet, on ne saurait reprocher à Ohsawa ni son enseignement, ni ses écrits, qui ne tombent pas sous le coup de la loi. On ne peut davantage lui faire grief de s'être trouvé présent pendant l'examen qu'un médecin faisait de ses propres malades, car il n'a pas examiné lui-même ces derniers, donnant seulement son avis sur le régime à adopter : il le faisait à la demande du médecin lui-même, qui l'avait appelé dans un but purement scientifique. L'article 372 du décret du 11 mai 1955, en frappant les actes d'exercice illégal de la médecine accomplis "même en présence du médecin", n'a évidemment pas entendu interdire certaines collaborations entreprises dans l'intérêt de la recherche médicale... ».

Ce jugement offre l'intérêt d'amorcer une délimitation entre la diététique médicale et l'hygiène alimentaire. On y relève en effet qu'Ohsawa, dans un seul cas, celui d'un bambin de quatre ans, le petit Alain H., aveugle et muet de naissance, est intervenu directement. Mais il s'est borné à prescrire un régime, en adressant à la mère un texte ronéotypé portant une liste d'aliments classés par groupes, dont il avait souligné ceux à choisir de préférence. Les juges n'ont pas vu là un indice de culpabilité : « Il ne s'agissait évidemment pas de soigner une double infirmité congénitale, disent-ils, mais seulement d'apporter un soulagement à un infirme en le faisant participer à un système philosophique et moral, en la vertu duquel le prévenu a une croyance absolue ».

La maman du malheureux garçonnet, après avoir nourri exclusivement son enfant selon les conseils reçus, de céréales dans la proportion de 90 % et de légumes, dans la proportion de 10 %, l'a trouvé plus calme, plus gai, plus alerte.

« Le réglage des phénomènes antagonistes "Yin" et "Yang" constituerait tout le secret de telles améliorations ».

Beaucoup de recettes indiquées dans ce recueil paraîtront étranges à bien des personnes, mais, dans le cercle de nos parents et de nos amis, il nous a été donné de constater l'efficacité de quelques-unes. Puisse cet ouvrage ramener à une vie heureuse une partie au moins de l'humanité souffrante.

CAUVET-DUHAMEL

Cette préface a été écrite pour la première édition de ce livre, en 1964.

AVANT-PROPOS

LES CHEMINS DU BONHEUR

Le bonheur, qui est le but de chacun dans ce monde, a reçu des Sages de l'Orient il y a quelques milliers d'années une définition qui me paraît encore grandement valable.

D'après eux, l'homme heureux est celui

1 — qui a une vie saine, longue et qui s'intéresse à tout ;
2 — qui n'a pas de soucis d'argent ;
3 — qui sait instinctivement éviter les accidents et les difficultés entraînant la mort prématurée ;
4 — qui comprend que l'univers est ordonné à tous les degrés ;
5 — qui n'a pas le désir de briller au premier rang, ce qui provoque la chute au dernier, mais recherche le dernier, afin d'être mis pour toujours au premier.

La philosophie orientale enseigne le moyen d'atteindre ce bonheur sur tous les plans : individuel, familial, social. Elle ne cherche pas tant à expliquer la structure de l'univers qu'à montrer comment nous pouvons réaliser pratiquement le bonheur. La plupart des grands hommes se sont faits eux-mêmes, par conséquent l'éducation scolaire est inutile et il faut la proscrire. L'éducation professionnelle est faiseuse d'esclaves et la mentalité de l'esclave est incompatible avec le bonheur.

Dans ce guide, j'ai évité d'exposer la philosophie Yin-Yang du Bonheur, le Jugement Suprême et les Clefs du Royaume des Cieux tels qu'ils ont été vus par Lao-Tseu, le Bouddha, Song Tseu et tant d'autres, car de nombreux ouvrages existent déjà sur ces sujets. La compréhension intellectuelle de ces philosophies est du reste superflue si l'on n'arrive pas à vivre un jour de bonheur, de temps en temps et de plus en plus souvent.

Si la conception orientale du bonheur vous intéresse, essayez la méthode macrobiotique [1] pendant au moins une semaine ou deux. Je vous la recommande après l'avoir enseignée pendant 48 ans et je suis sûr qu'elle est le meilleur chemin vers le bonheur.

L'autre voie, qui consiste à se plonger dans les études intellectuelles et théoriques, est longue, difficile et ennuyeuse.

N'oubliez pas que la philosophie orientale est pratique. Seule une personne ignorante des méthodes médicales peut croire qu'on peut procurer le bonheur du corps à l'aide de produits pharmaceutiques de plus en plus nombreux et d'opérations chirurgicales de plus en plus compliquées. La philosophie orientale est une discipline que chacun peut suivre avec plaisir quand et où il lui sied. Elle restaure la santé ainsi que l'harmonie entre le corps, l'esprit et l'âme, condition indispensable à la vie heureuse.

---

1. « Macrobiotique » vient du grec « macro », qui veut dire grand et « bios », vie, c'est-à-dire « technique de longue vie ».

De la Santé à la Paix

Toutes les grandes religions sont nées en Orient, pays de la lumière. Grâce à elles, les peuples orientaux, surtout ceux de l'Extrême-Orient, ont vécu pacifiquement pendant des milliers d'années jusqu'à l'arrivée de la civilisation occidentale, c'est ainsi que le Japon a toujours été appelé le pays de la longévité et de la paix.

Mais tout est sujet à changement dans ce monde flottant, les pays d'Asie et d'Afrique furent colonisés par la civilisation occidentale, leur pacifisme leur fit abandonner leurs traditions et adopter les manières de l'Ouest. La civilisation importée devint de plus en plus puissante, les guerres devinrent de plus en plus cruelles et la civilisation scientifique est maintenant la nouvelle religion de l'humanité. Nous l'admirons beaucoup, mais pouvons-nous prétendre qu'elle s'accorde avec la vieille civilisation de santé, de liberté, de bonheur et de paix ?

J'ai cherché longtemps à accorder ces deux civilisations et je crois avoir trouvé le moyen de les combiner, je pense que si les Occidentaux se donnent la peine d'appliquer la philosophie orientale, ils arriveront à résoudre non seulement de nombreux problèmes d'ordre scientifique et social, mais aussi les grandes questions comme celles du bonheur et de la liberté.

Le premier pas dans cette voie consiste à étudier l'alimentation orientale, base de la santé et de la vie heureuse et qui, au Japon, était considérée comme l'art divin de la vie. Cet art reposait sur de nombreux principes, alors qu'en Occident il paraît n'être guidé que par la recherche du plaisir, c'est-à-dire par des mobiles assez bas. Ceux qui viennent de faire ce que l'on appelle un bon repas montrent du reste, par leurs traits, qu'ils sont fatigués, sinon intoxiqués, par les aliments trop riches qu'ils ont consommés ; leurs propos ne témoignent pas non plus de la lucidité de leur intelligence. On voit ainsi que la santé et le jugement, liés selon l'adage européen de « l'esprit sain dans un corps sain », sont influencés par l'alimentation, dont l'importance n'échappe plus à personne. Ce n'est pas que la nourriture orientale soit a priori meilleure que d'autres et celle que vous trouvez dans les restaurants japonais ou chinois d'Europe, quelquefois très élégants, ne fait souvent appel qu'à vos idées primitives et obscurcit plus ou moins votre jugement suprême [1]. Les vrais maîtres des cuisines japonaise et chinoise préparent des plats non seulement exquis pour ceux dont les papilles gustatives n'ont pas été abîmées par l'alcool ou les nourritures fortement épicées, mais capables d'affirmer la santé et par suite le bonheur, conformément aux principes de la macrobiotique. Le régime des monastères Zen au Japon est, du reste appelé « Syozin Ryori », ce qui veut dire « cuisine qui améliore le jugement ».

Si l'industrie alimentaire, en Europe et ailleurs, pouvait produire une nourriture macrobiotique, elle accomplirait la première révolution de ce genre et mènerait la première guerre totale contre la maladie et la misère.

---

1. Voir chapitre IV. La place du jugement suprême dans la pensée.

Chapitre I

LA MACROBIOTIQUE
ET LA MÉDECINE D'ORIENT

La macrobiotique n'est pas une médecine empirique d'origine populaire, ni une médecine mystique ou soi-disant scientifique et palliative, mais l'application, à la vie journalière, des principes de la philosophie orientale,

Elle est la mise en pratique d'une conception dialectique de l'univers, vieille de 5 000 ans et qui montre la voie du bonheur par la santé. Cette voie est ouverte à tous, riches ou pauvres, savants ou ignorants, elle est simple et tous ceux qui veulent sincèrement se libérer de leurs difficultés physiologiques ou mentales peuvent la suivre dans leur vie quotidienne. Des millions d'hommes en Extrême-Orient ont mené une existence heureuse et libre, ont bénéficié de la paix et de la culture pendant des milliers d'années, grâce à l'enseignement macrobiotique de Lao-Tseu, de Song-Tseu, de Confucius, de Bouddha, de Mahavira, de Nagarjuna, etc., et, longtemps avant eux, des sages qui ont élaboré la science médicale de l'Inde.

A l'heure actuelle, ces enseignements ont vieilli, car tout ce qui a un commencement a une fin. Ils se sont alourdis de superstitions, de mysticisme et de routine professionnelle ; c'est pourquoi nous vous en offrons une interprétation nouvelle.

POURQUOI J'AI ÉCRIT CE LIVRE

Vous êtes-vous demandé pourquoi en Occident il y a tant de grands hôpitaux et de sanatoria, tant de drogues et de médicaments, tant de maladies physiques et mentales ? Pourquoi y a-t-il tant de prisons, tant de policiers et tant d'armées ?

La réponse est simple : nous avons tous des maladies physiologiques et mentales dont les causes nous sont cachées par notre éducation. Celle-ci ne développe pas nos moyens d'être libres et heureux, mais au contraire, elle fait de nous des techniciens, c'est-à-dire des esclaves irrationnels, cruels, simplistes et pleins d'avidité.

Le bonheur et le malheur, la maladie et la santé, la liberté et l'esclavage ne dépendent que de notre attitude dans la vie et dans nos activités. Celles-ci sont dictées en dernier ressort par notre compréhension de la constitution[1] du monde et de l'univers, mais il n'existe pas d'école ni d'université où nous puissions apprendre à penser correctement. Les mots « Liberté, Egalité et Fraternité » s'affichent partout en France, mais leur application est moins commune.

La vie est infiniment merveilleuse. Tous les êtres (sauf une seule exception, l'homme) : oiseaux, insectes, poissons,

---

1. L'auteur se réfère à sa théorie de la spirale logarithmique telle qu'il l'a exposée dans son ouvrage : *La Philosophie de la Médecine d'Extrême-Orient*, publié chez Vrin.

microbes, et même parasites, tous vivent heureux dans la nature, libres d'obligations envers eux-mêmes ou envers les autres. Nous avons vécu deux ans dans la jungle indoue et un dans l'africaine, jamais je n'y ai vu un seul singe, crocodile, serpent, insecte ou éléphant qui fût malheureux, malade ou obligé de travailler pour les autres. Tous les peuples primitifs qui vivaient parmi eux étaient également heureux avant d'être asservis par leurs « colonisateurs », armés de fusils, d'alcool, de chocolat et de religion.

La seule règle de vie de ces primitifs était que celui qui ne s'amuse pas ne mange pas.

Je suis le seul et peut-être le dernier révolté de couleur qui veuille vivre aussi heureux que ses ancêtres. Je voudrais rétablir le royaume où ceux qui ne s'amusent pas ne doivent pas manger, où chacun doit être heureux, sinon c'est sa faute, comme disait Epictète. Dans ce royaume, il n'y aurait ni employeur, ni employé, ni maître, ni école, ni hôpital, ni usine pharmaceutique, ni police, ni prison, ni guerre, ni ennemi, mais tous seraient amis intimes, frères et sœurs, parents et enfants, il n'y aurait pas de travail forcé, pas de crimes, pas de châtiments et tous seraient indépendants.

Je ne suis pourtant pas révolutionnaire, je n'ai pas l'intention de rétablir un empire mondial visible, je désirerais seulement inviter quelques personnes à vivre dans mon pays des merveilles où nous avons 366 joyeux Noëls par an, au lieu d'un seul, pays appelé Erewhon par Samuel Butler.

L'admission y est libre et gratuite, il suffit d'adopter le régime macrobiotique.

LA PHILOSOPHIE D'EXTRÊME-ORIENT

Il y avait une fois un homme libre appelé « Fou-i », qui trouva une clé en pierre pour ouvrir la porte invisible du Royaume des Cieux, dont Erewhon ou Moni-Kodo sont les noms exacts. Il vivait sur un haut plateau quelque part au cœur d'un vieux continent, très chaud le jour, très froid la nuit, sans armes, sans instruments, sans vêtements, ni chaussures, ni maison, ni papier appelé « argent », ni pharmacie. Mais il jouissait de la vie comme tous ses compagnons, les oiseaux, poissons, papillons et tous les animaux préhistoriques. Il n'y avait ni loi, ni personne pour le contraindre, pas de dictateurs, de voleurs, de journalistes, de docteurs, il ignorait le téléphone, les passeports, les visas, les contrôles et les impôts. Il n'avait donc aucun souci.

Des millions d'années s'écoulèrent, la société naquit puis la civilisation. Des maîtres apparurent et l'éducation commença, c'est-à-dire que des professionnels fabriquèrent des imitations de cette curieuse clé et la vendirent à grand prix comme pierre précieuse, car chacun la voulait. Et ce commerce fructifia pendant des milliers d'années.

Je me propose de distribuer gratuitement cette clé du royaume de la liberté, du bonheur et de la justice à un nombre très limité de personnes. Contrairement aux maîtres professionnels, je jouis largement de la vie en tant que citoyen de ce royaume et je ne suis pas attaché aux possessions ni à l'argent.

Je m'exprime pour cela dans un langage enfantin qui peut être compris seulement de ceux qui méritent d'entrer dans ce royaume et qu'il est facile de reconnaître, car ceux qui le comprennent recouvrent la santé, physique et morale. J'appelle ce royaume « la philosophie de l'Extrême-Orient », laquelle est très facile à comprendre pour ceux qui n'ont pas beaucoup d'instruction et très difficile pour les autres. Je vous offre cette clé du Royaume des Cieux sous forme d'un guide dans lequel j'interprète notre philosophie vieille de 5 000 ans. Mon interprétation est présentée sous une forme entièrement nouvelle parce que l'ancienne école a été complètement falsifiée et tronquée par ceux qui s'appelaient « professionnels », et les maîtres actuels continuent cette mutilation.

Ma philosophie, ou mon interprétation nouvelle de l'ancienne, repose sur la médecine d'Extrême-Orient qui est l'application à la vie courante de la philosophie préhistorique. Cette dernière est à la base, non seulement de la médecine, mais des cinq grandes religions de l'humanité. C'est pourquoi Jésus guérissait les malades aussi bien physiques que mentaux. Si la médecine ne guérissait que des maux physiques, elle ne serait qu'une mauvaise magicienne ou une diablesse qui nous rendrait plus malheureux que jamais, mais guérir le physique seulement est impossible. Le vrai enfer, comme le montre Sartre dans *Huis-Clos*, est d'ordre psychique, et son microbe n'a pas encore été découvert en dépit des perfectionnements du microscope ; il découle de la mentalité de ceux qui ignorent la constitution de l'univers et ses lois.

Je suis de plus en plus convaincu de l'efficacité et de la supériorité de ma méthode. Je me suis guéri de la tuberculose, et d'autres maladies, après avoir été abandonné par les médecins avant d'avoir 20 ans. Depuis, j'ai constaté des milliers de guérisons étonnantes de désespérés qui ont appliqué mes principes en Asie, en Afrique et en Europe aussi simplement que le feraient les oiseaux du ciel, les poissons dans la mer et les animaux dans la forêt.

J'ai abandonné mon Japon natal il y a 7 ans pour visiter tous les pays du monde et y chercher des amis capables d'adopter ma philosophie et de rétablir le royaume du bonheur une fois de plus dans ce monde.

La base de cette philosophie est fort simple : c'est Yin-Yang, c'est-à-dire l'ambivalence de chaque chose, de chaque situation, de chaque état d'esprit, autrement dit, chaque chose a deux pôles, et contient son contraire, ou son opposé : jour-nuit, homme-femme, guerre-paix, etc. C'est aussi la conclusion à laquelle, après de longues recherches, est arrivé l'historien anglais Toynbee. On peut appliquer ce principe à tous les instants de la vie journalière, dans nos relations familiales, dans notre mariage, dans notre vie sociale et politique, car c'est le fondement de notre existence, il est dans la nature des choses et peut servir de norme universelle.

Ma méthode ne consiste pas uniquement à détruire les symptômes à tout prix, même par la violence, par la chimie ou la physique, ni d'atteindre le psychisme, mais par un procédé simple qui procure non seulement la guérison (élimination des symptômes) ou la maîtrise de la santé, mais aussi la paix de l'âme, la liberté et la justice. Elle est plus révolutionnaire que la découverte de l'énergie atomique et des bombes à hydrogène, elle bouleverse toutes les valeurs, toutes les philosophies et toute la technique modernes.

CHAPITRE II

MA THÉRAPEUTIQUE

Suivant la médecine d'Extrême-Orient, il n'existe pas de moyens thérapeutiques, car la Nature, mère de toute vie dans cet univers, est la grande guérisseuse. La maladie et le malheur, comme le crime et le châtiment, résultent d'une mauvaise conduite, c'est-à-dire d'une conduite qui viole l'ordre de l'Univers.

De sorte que notre cure est infiniment simple : toute maladie doit être guérie complètement en 10 jours, et voici pourquoi : la maladie vient du sang dont nous éliminons un dixième tous les jours. Par conséquent, notre sang doit être renouvelé en 10 jours par une alimentation convenable.

Cette théorie est simple, mais son application est délicate et peut être compliquée. Une théorie sans portée pratique est inutile ; tandis qu'une technique sans théorie simple et claire est dangereuse. Aussi notre thérapeutique est-elle très facile : elle consiste à utiliser les aliments naturels et abandonner médicaments, opérations et cures de repos. En fait, il est très difficile de trouver à l'heure actuelle des aliments et des boissons qui ne soient pas frelatés, mais si vous avez saisi le principe unique de la constitution [1] de l'univers, rien ne peut vous troubler.

MALHEUR, MALADIE ET CRIME

Ainsi que Toynbee l'a montré, les empires mondiaux et leur civilisation ont été détruits par leurs défauts internes ; de même tous les malheurs et toutes les maladies de l'homme, y compris le crime, sont engendrés par lui-même, par son ignorance presque voulue des lois de la nature, car, en tant que Prince de la création, il est né dans un bonheur céleste où il ne tenait et ne tient qu'à lui de rester.

MALADIES INCURABLES

Il n'existe pas de maladies incurables. J'ai vu des milliers de prétendues maladies incurables, comme le diabète, des paralysies de toutes sortes, la lèpre, l'épilepsie, l'asthme, etc., guéries en 10 jours ou quelques semaines par notre macrobiotique, de sorte que je suis convaincu qu'il n'y aurait plus de maux incurables si nous appliquions tous cette méthode.

TROIS THÉRAPEUTIQUES

A mon avis, il y a trois sortes de thérapeutiques :
1)   celle des symptômes : c'est-à-dire la destruction des symptômes par des palliatifs physiques et toujours

---

1. Voir note précédente et du même auteur : *Le Principe Unique de la Science et de la Philosophie d'Extrême-Orient*, Paris, Vrin, 1931.

plus ou moins violents ; c'est la médecine symptomatique, animale ou mécanique ;

2) celle de l'éducation : le développement du jugement,
qui permet à l'homme de maîtriser sa santé, c'est la
médecine humaine ;

3) celle, créative, ou spirituelle, qui consiste à vivre
sans peur ni anxiété, en liberté et dans la justice,
autrement dit à réaliser son « moi ». C'est la médecine de l'esprit, du corps et de l'âme.

Si vous ne désirez pas à tout prix adopter cette troisième thérapeutique, il est inutile de continuer la lecture
de ce livre, étant donné que vous pouvez appliquer la
première par la médecine officielle et la seconde, jusqu'à
un certain point, par une méthode spirituelle ou psycho-
logique.

Il n'y a pas de maladies incurables pour Dieu, le
Créateur de l'Univers, ni dans le Royaume de la liberté,
du bonheur et de la justice.

Mais il existe des gens que nous ne pouvons pas guérir
ou à qui nous ne pouvons pas apprendre à se guérir. Ce
sont les arrogants qui refusent d'envisager avant toute
chose la constitution de l'univers et son principe unique
et qui nient la foi qui déplace les montagnes.

Si vous n'avez pas la volonté de vivre simplement et de
peu, selon le vieil adage « vivere parvo » (vivre pau-
vrement), qui reste toujours la clé d'or de la santé, vous
ne pouvez et ne devez pas guérir.

On entend dire quelquefois que telle personne
voudrait guérir, qu'elle a la volonté de se libérer de son
mal à tout prix, mais cette volonté n'est que le désir de se
retrancher en soi-même ; en d'autres termes, c'est un
défaitisme. Beaucoup de gens désirent être guéris par

d'autres ou par quelque instrument, sans faire de « mea culpa » ni rechercher la faute qui est la cause de leur mal. Ce sont les descendants de la race de vipères dont parlait Jésus et ils ne doivent ni ne peuvent être guéris, car ils ne le méritent pas, non plus qu'ils ne méritent le Royaume des Cieux. La volonté de vivre commence par la recherche de la cause de tous les malheurs, de toutes les maladies, de toutes les injustices afin de les surmonter sans violence ni instrument, mais conformément aux normes de l'univers, tandis que le désir de guérir les symptômes ou de maîtriser sa santé n'est qu'une manifestation d'exclusivisme ou d'égoïsme d'un individu qui ne tient pas compte des lois de l'univers ou veut se montrer supérieur à elles.

SATORI

Le satori est la conviction profonde, presque physiologique, que l'on est arrivé dans le royaume de la liberté, du bonheur et de la justice, aussi bien en corps qu'en esprit. Ce n'est ni un occultisme, ni un mysticisme.

Si le chemin du satori vous paraît infiniment long, c'est que votre point de départ est mauvais. Vous appliquez la formule « nous ne savons pas, nous ne saurons jamais », déjà suggérée par des hommes de science comme Henri Poincaré. Toutes les recherches philosophiques et scientifiques de l'Occident, qui à présent dominent le monde, sont soumises à cette idée.

Si vous voulez atteindre le Satori, vous devez avant tout étudier notre philosophie, qui est la base solide de toutes les religions, et pratiquer tous les jours strictement la méthode macrobiotique. Vous devez avant tout comprendre la merveilleuse constitution de l'univers et sa justice.

Pour devenir un bon chauffeur ou un bon pilote, il faut commencer par apprendre le mécanisme et le fonctionnement du véhicule, de même pour être le médecin de votre corps il faut étudier et examiner attentivement ses réactions. Des échanges de vue sur ce sujet avec des amis qui ont fait, ou font, la même expérience que vous sont également pleins d'enseignement.

COURAGE, HONNÊTETÉ, JUSTICE

Celui qui est réputé courageux ignore le courage, celui qui est parfaitement honnête ignore l'honnêteté, celui qui est droit ignore la droiture, celui qui est bien portant ignore la santé. La connaissance est la carte d'identité d'un monde restreint et illusoire et non celle du Royaume infini des cieux.

Si vous êtes sûrs de vos aptitudes, de vos qualités, de vos connaissances, de votre fortune, vous êtes prisonnier de ce monde limité. Si vous savez ce qu'est le courage, l'honnêteté, la justice, la patience, la santé, vous n'êtes pas modeste et vous restez étranger à ces qualités. Celles-ci ne peuvent être conférées par d'autres ; vous devez les vivre vous-même et, si elles dépendent des autres ou de certaines conditions, elles sont empruntées et ne sont pas vôtres. Si quelqu'un garantit votre liberté, celle-ci est votre dette ; de même, plus grandes sont la justice et le bonheur que vous procurent les autres, plus grande est votre dette. Bonheur, liberté et justice doivent être infinis et inconditionnels : les chercher chez les autres, c'est mener la vie d'un esclave.

TOLÉRANCE

Apprendre à être tolérant revient à dire qu'on ne l'est pas. Il n'y a cependant rien d'intolérable dans ce monde, tout est tolérable. Un homme libre accepte tout : le mauvais temps comme le beau, les difficultés comme les facilités, la mort comme la vie, et tout avec joie. Il n'y a pas de protestation ni d'objection dans la Nature, tout est parfaitement équilibré.

Si vous trouvez quoi que ce soit d'intolérable dans ce monde, c'est que vous-même vous êtes intolérable et exclusif et si vous ne pouvez chasser ou détruire ce que vous trouvez intolérable vous vivez en enfer.

Si « être tolérant » est votre devise, c'est que vous ne l'êtes pas et toutes les devises de ce genre sont l'aveu involontaire de votre nature.

Celui qui accepte tout avec plaisir ignore ce que veut dire le mot tolérance.

CHAPITRE III

LES SEPT CONDITIONS DE LA SANTÉ ET DU BONHEUR

Avant de suivre nos directives en matière de régime, il convient d'examiner votre état de santé d'après les sept normes ci-dessous.

Les trois premières sont d'ordre physiologique, si vous les remplissez, vous aurez 15 points, 5 pour chacune. Avec la quatrième et la cinquième, vous pouvez avoir 10 points pour chacune, avec la sixième vous pouvez avoir également 10 points, et avec la septième, la plus importante, 55 points. Si, au départ, vous avez plus de 40 points, vous êtes en assez bonne forme et si vous gagnez 60 points en trois mois, ce sera un grand succès. Mais commencez par faire cette autoconsultation avant d'entreprendre le régime macrobiotique. Au début de chaque mois vous vous trouverez en progrès plus ou moins grand selon la rigueur avec laquelle vous l'aurez appliqué. Essayez ce test sur vos amis et vous serez surpris de constater que certains, qui ont très bonne mine, sont en réalité en mauvaise santé.

1. — *Pas de fatigue* (5 points).

Vous ne devez pas vous sentir fatigué. Si vous attrapez un rhume, cela veut dire que votre constitution a été fatiguée pendant de nombreuses années. Même si vous n'attrapez de rhume que tous les dix ans, c'est mauvais signe, car les animaux en sont exempts, même dans les pays froids. De sorte que la racine de votre mal est profonde. Si vous dites de temps à autre : « c'est trop difficile », ou « c'est impossible », ou « je ne suis pas en mesure de faire ceci ou cela », vous montrez le degré de votre lassitude car si vous êtes vraiment en bonne santé, vous devez pouvoir surmonter les difficultés les unes après les autres, avec autant d'allant qu'un chien qui poursuit un lapin. Si vous n'abordez pas des difficultés de plus en plus grandes, vous êtes défaitiste. Il faut s'aventurer dans l'inconnu, et plus grande est la difficulté, plus grand est le plaisir. Cette attitude est le signe d'absence de fatigue, laquelle est la vraie cause de toutes les maladies, et vous pouvez guérir votre fatigue très facilement, sans médicament, si vous pratiquez correctement la méthode macrobiotique de rajeunissement et de longévité.

2. — *Bon appétit* (5 points).

Si vous ne pouvez prendre n'importe quel aliment naturel avec plaisir et avec la plus grande gratitude pour le Créateur, c'est que vous manquez d'appétit. Si vous trouvez très appétissants un simple morceau de pain bis ou du riz complet, c'est que vous avez bon appétit et bon estomac. Un bon appétit est la santé elle-même ; elle comporte également l'appétit sexuel.

L'appétit sexuel et sa satisfaction joyeuse sont une des conditions essentielles du bonheur. Si un homme ou une femme n'a pas d'appétit ni de plaisir sexuel, c'est qu'il (ou elle) est étranger à la loi de la vie, au Yin Yang. La violation de cette loi par ignorance ne peut que conduire à la maladie et aux déficiences mentales. Les puritains sont impuissants et en conséquence haïssent la sexualité ; tous ceux qui sont aigris et mécontents, intérieurement ou extérieurement, n'entreront jamais dans le Royaume des Cieux.

3. — *Sommeil profond* (5 points).

Si vous parlez en dormant ou si vous avez des rêves, c'est que votre sommeil n'est pas bon. Par contre, si quatre à six heures de sommeil vous satisfont entièrement, c'est que vous dormez bien. Si vous n'arrivez pas à vous endormir trois ou quatre minutes après avoir posé la tête sur l'oreiller à n'importe quel moment de la journée, dans n'importe quelle circonstance, c'est que votre esprit n'est pas exempt de quelque peur. Si vous ne pouvez vous réveiller à l'heure que vous vous êtes fixée avant de vous endormir, c'est que votre sommeil est imparfait.

4. — *Bonne mémoire* (10 points).

Si vous n'oubliez rien de ce que vous voyez ou entendez, c'est que vous avez une bonne mémoire. La capacité de retenir augmente avec l'âge. Nous serions malheureux si nous perdions le souvenir de ceux qui nous ont aidés et, sans une bonne mémoire, dans des domaines très variés, nous ne serions rien d'autre que des machines cybernétiques. Sans bonne mémoire nous ne pouvons avoir de jugement sain et ne pouvons que faire faillite.

La mémoire est le facteur le plus important de notre vie, comme elle est à la base de notre personnalité. Les Yogis, les Bouddhistes, les Chrétiens ont toujours une bonne mémoire. Certains arrivent même à se rappeler leurs vies antérieures.

Grâce à la macrobiotique, vous développerez votre mémoire à l'infini. Vous pouvez le constater sur un diabétique à qui le mal a fait perdre la mémoire. En observant notre régime, le malade recouvrera la mémoire très rapidement. Cela n'est pas vrai que du diabétique, mais même les neurasthéniques, les idiots et les imbéciles peuvent recouvrer la mémoire. J'ai connu une Française, Mme L., professeur de philosophie qui, avec son mari et ses quatre enfants, suivit le régime macrobiotique pendant trois ans pour améliorer sa mémoire en même temps que sa santé. A sa stupéfaction, sa fille aînée qui était considérée comme un peu anormale par ses maîtres devint la première de sa classe.

5. — *Bonne humeur* (10 points).

Libérez-vous de la colère ! Un homme en bonne santé, c'est-à-dire sans peur ni maladie, est joyeux et amène dans toutes les circonstances. Un tel homme sera d'autant plus heureux et enthousiaste que ses difficultés augmenteront. Votre maintien, votre voix, votre conduite et même vos critiques doivent provoquer la gratitude de tous ceux qui vous entourent. Chacune de vos paroles doit exprimer votre joie et votre reconnaissance comme le chant des oiseaux et le bourdonnement des insectes du poème de Tagore. Les étoiles, le soleil, les montagnes, les rivières et les mers participent de notre nature, aussi comment pouvons-nous vivre sans être heureux ? Nous devrions l'être comme l'est un enfant lorsqu'il reçoit un cadeau. Si nous ne le sommes pas, c'est que nous sommes en mauvaise santé. Un homme bien portant ne se met jamais en colère.

Combien avez-vous d'amis intimes ? Un grand nombre d'amis intimes et variés témoigne d'une compréhension large et profonde du monde. Je ne compte pas comme amis vos parents, ni vos frères et sœurs. Un ami est quelqu'un que vous aimez et admirez, qui vous rend la pareille et se tient prêt à vous aider à réaliser vos rêves coûte que coûte, même sans qu'on le lui demande.

Combien avez-vous d'amis de cœur ? Si vous en avez peu, c'est que vous êtes très exclusif ou un triste délinquant. Vous n'avez pas assez de bonne humeur pour rendre les autres heureux. Si vous avez plus de deux billions d'amis intimes, vous pouvez dire que vous êtes l'ami de toute l'humanité. Mais cela ne suffit pas si vous comptez seulement les humains, morts ou vivants. Il vous faut admirer et aimer tous les êtres, toutes les choses, même les brins d'herbe, les grains de sable, les gouttes d'eau. Voilà la bonne humeur. Il faut pouvoir dire, et certains y arrivent, que l'on n'a jamais rencontré d'homme que l'on ne peut aimer. Si vous ne pouvez faire des amis intimes de votre femme ou de vos enfants, cela montre que vous êtes très malade. Si vous n'êtes pas toujours joyeux dans n'importe quelle circonstance, vous ressemblez à un aveugle qui ne voit rien des merveilles du monde.

Si vous avez la moindre plainte à formuler, l'ordre social, le mieux est de vous retirer dans votre chambre comme un escargot dans sa coquille et d'exprimer votre ressentiment à vous-même. Si vous n'avez pas d'amis intimes, alors suivez mon conseil et prenez une petite cuillerée de gomasio (3/4 de graines de sésame moulues avec 1/4 de gros sel) afin de neutraliser l'acidité de votre sang. Vous pouvez vérifier ce procédé sur vos enfants ; cessez de leur donner du sucre, du miel, du chocolat, etc., qui acidifient le sang et, en une semaine ou deux, un enfant très Yin deviendra très Yang, c'est-à-dire plein de gaîté. L'huile de sésame du gomasio recouvre le sel et empêche la soif, celui-ci pénètre dans le circuit sanguin et détruit l'hyper-acidité du sang. N'oubliez pas qu'un excès d'acide est un danger de mort !

On rencontre rarement des gens agréables, car la grande majorité des hommes et des femmes est malade ; ils ne sont pas à blâmer puisqu'ils ne savent pas comment atteindre la bonne humeur. Si vous avez conscience de la constitution merveilleuse de notre univers, vous devez être plein d'une joie et d'une gratitude que vous ne sauriez manquer de partager. Donnez de la bonne humeur, souriez et dites d'une voix agréable le simple mot « merci » en toutes circonstances et aussi souvent que possible. En Occident on dit : « donnez et prenez » (give and take) mais nous, nous disons : « donnez, donnez et donnez tant que vous pouvez ». Vous ne perdez rien puisque vous avez reçu la vie et tout dans ce monde sans bourse délier. Vous êtes le fils ou la fille unique de l'Univers infini qui crée, anime, détruit et reproduit ce dont vous avez besoin. Si vous savez cela, tout vous viendra en abondance. Si vous craignez de perdre votre argent ou votre propriété en pratiquant le don, c'est que vous êtes malade et malheureux et que votre jugement suprême est partiellement ou totalement obscurci. Vous ne voyez pas l'Ordre grandiose de l'Univers.

L'aveuglement de l'esprit est bien plus dangereux que l'aveuglement physique. Il faut le guérir au plus vite, afin de bénéficier du magnifique ordonnancement de la nature. Si vous avez peur d'être dépouillé de vos biens, vous êtes victime de l'oubli, vous avez complètement perdu de vue l'origine de votre fortune et de votre vie.

Si vous faites cadeau d'une petite ou d'une grande partie de votre fortune, ce n'est généralement pas suivant la maxime orientale de « donnez donnez », mais suivant le principe de la théorie des économistes occidentaux. Cette théorie n'était qu'un moyen de justifier la colonisation et l'exploitation par la violence des peuples de couleur. Le don oriental est un sacrifice, une expression de gratitude infinie et la compréhension que l'on se libère de toutes ses dettes. Se sacrifier veut dire donner le plus et le meilleur de ce que l'on possède. Le sacrifice est une offrande à l'amour éternel, à la liberté infinie et à la justice absolue. Le vrai sacrifice consiste à donner joyeusement sa vie ou le principe de sa vie, omniscient, omnipotent et omniprésent : le satori. C'est une libération.

Notre Mère, la Terre, se donne perpétuellement pour nourrir l'herbe, de même l'herbe se donne pour nourrir les animaux. Les animaux animent ce monde de leur gaîté et la seule note discordante est fournie par l'homme qui tue et détruit. Pourquoi l'homme ne se donne-t-il pas aux autres ? Dans la nature, la mort est suivie d'une vie nouvelle, de sorte que l'homme, à son tour, devrait se donner pour réaliser le plus étonnant miracle de la création et trouver la liberté infinie, l'éternel bonheur et la justice absolue. Ceux qui ne comprennent pas cela sont des esclaves, des malades ou des insensés.

Si vous êtes joyeux en toutes circonstances, donnant sans cesse aux autres et en particulier la plus grande et la meilleure chose de ce monde, vous serez aimé de tous et très heureux. Vous le pouvez si vous suivez mes conseils et trouvez les nouveaux horizons du pays auquel l'homme rêve, d'après Toynbee, depuis plus de trois cent mille ans. Ma médecine est en réalité un genre de lampe d'Aladin ou de tapis volant. Avant tout, vous devez rétablir votre santé de façon à gagner au moins 60 points sur les sept conditions de Santé et de Bonheur.

6. — *Rapidité de jugement et d'exécution* (10 points).

Un homme en bonne santé doit avoir la faculté de penser, de juger et d'agir correctement avec rapidité et élégance. La rapidité est l'expression de la liberté. Les hommes qui sont prompts et précis, ainsi que ceux qui sont prêts à répondre à n'importe quel appel ou défi, sont en bonne forme. Ils se signalent par leur faculté de mettre de l'ordre partout dans leur vie journalière. Ceci se constate dans le royaume des animaux et des plantes. La beauté de la forme ou de l'action est le signe de la compréhension de l'Ordre de l'Univers. La Santé et le Bonheur sont également des manifestations de l'Ordre de l'Univers exprimés dans notre vie quotidienne, de même que la sérénité. Du reste, la vie, la santé, la divinité et l'éternité ne font qu'un.

Il est impossible de réaliser ces conditions sans observer le régime macrobiotique qui représente l'essence d'une sagesse vieille de plus de cinq mille ans et qui est simple et facile. Vous devenez alors le créateur de votre propre vie, de votre santé et de votre bonheur. Vous pouvez guérir non seulement vos maux physiques mais aussi vos déficiences psychiques. Si vous en connaissez un meilleur, indiquez-le-moi et j'abandonnerai ce chemin vers le bonheur que je suis depuis 48 ans, pour adopter le vôtre.

7. — *Justice* (55 points).

La septième condition de la santé, c'est la Justice. Si on ne comprend pas cela, ce que l'on sait de la macrobiotique devient un péché ! Il n'y a qu'une personne sur dix mille ou sur un million qui comprend la Justice, voilà pourquoi le malheur est si répandu.

Celui qui est malade ou malheureux est un menteur qui n'a pas la volonté de vivre la Justice jusqu'au bout.

Même Franklin, même Gandhi ne connaissaient pas la Justice !

La Justice dont je parle est très simple. C'est un autre nom de l'Ordre de l'Univers. Voilà pourquoi celui qui vit en se confiant à la Justice acquiert le Bonheur éternel et la Liberté infinie. L'utiliser pour guérir la maladie ? C'est aussi facile que de tuer une punaise avec un marteau.

Celui qui comprend l'Ordre de l'Univers, qui le digère, qui le fait soi et qui s'entraîne, n'a nullement besoin de s'absorber en une étude quelconque. La loi est hors de problème.

En Extrême-Orient le mot *Bontoki itu* signifie : toutes les lois s'unifient en un. C'est un mot qui n'existe vraisemblablement pas en Occident, mais il est certain, pourtant, que partout on le cherche dans l'obscurité. Ce que l'on sait de la septième condition de la santé peut s'exprimer comme suit :

— Ne jamais mentir pour se protéger soi-même ;
— Etre exact ;
— Aimer tout le monde ;
— Chercher toujours les difficultés, les trouver, les combattre, les résoudre et les conquérir de toute sa force.

- Etre de plus en plus heureux, distribuer la lumière et le bonheur dans le monde entier ;
- N'avoir jamais de doute, transmuter le malheur en bonheur.

L'unique entraînement pour obtenir les points cités ci-dessus est d'observer la macrobiotique. Pourtant, on ne peut expliquer la Justice sans écrire un grand livre, il en va de même de la santé ou de la liberté. Ici donc, je me contenterai simplement de dire :

« Toute chose en ce monde est invention ou illusion, il n'y a rien de vrai, sauf d'aimer le Principe Unique et la Macrobiotique d'un amour impossible à arrêter. Vouloir devenir une personne qui persuade tout le monde avec cela, sinon il est impossible de devenir heureux... ».

CHAPITRE IV

AVEC LA FOI, RIEN N'EST IMPOSSIBLE

Toute la philosophie de l'Orient consiste à enseigner la constitution de l'Univers infini – appelé aussi Royaume des Cieux, recherché également sous les noms de Jaïnisme, Bouddhisme, Hindouisme, Judaïsme, Christianisme, Islam, Taoisme, Shintoïsme, etc. Le seul but de ces religions est d'apprendre à l'homme à gagner, pour lui-même et par lui-même, le bonheur, la liberté et la santé.

Le principe de ces religions est dialectique, paradoxal et difficile, mais je l'ai simplifié de telle façon qu'il peut être saisi par tous et appliqué en toutes circonstances. La conception du monde et de la vie, la Constitution de l'Univers sont transposées sur le plan biologique. Toutes les religions insistent sur l'importance d'une alimentation correcte. Un des plus anciens recueils de lois, celui de Manou, nous indique également ce moyen de conquérir le bonheur et la paix. Aussi les religions ont-elles presque toutes des règles strictes dans le domaine alimentaire. Sans observer ces règles, il est impossible de développer son Jugement Suprême et par conséquent de suivre une religion. Cela paraît inconnu aux théologiens et au clergé de l'Ouest.

Dans le Bouddhisme, et en particulier dans le Bouddhisme Zen, les règles diététiques sont sévères. On publie
à l'heure actuelle en Occident de nombreux ouvrages sur
le Bouddhisme Zen et la philosophie indoue, mais aucun
d'eux ne donne d'explication complète sur l'importance
et la supériorité de ce principe de base. C'est pourquoi la
philosophie du Védanta, du Taoïsme, du Bouddhisme,
etc., ne peut être bien comprise par l'Occident. Du reste,
si toutes les religions ont perdu leur autorité, c'est à
cause de la négligence ou de l'ignorance de ces idées
fondamentales. Et c'est pourquoi la paix, la liberté, la
santé et le bonheur disparaissent du monde.

Jésus a dit (Matthieu, chap. XVII, versets 20 et 21) :

« Si vous aviez la foi gros comme un grain de moutarde,
vous diriez à cette montagne : Transporte-toi d'ici là, et
elle s'y transporterait ; rien ne vous serait impossible ».

Si vous avez la foi, rien ne vous sera impossible et si
quelque chose vous est impossible, c'est que vous n'avez
pas la foi gros comme un grain de moutarde. Les crimes,
les guerres, la pauvreté, la mauvaise volonté, les « maladies incurables » sont toutes dues au manque de foi. Le
bonheur ou le malheur dépendent de notre conduite qui
est elle-même dictée par notre jugement.

Quel est le rapport du jugement et de la foi ? La foi est
le juge ; le jugement qui défaille est celui qui n'a pas de
foi. La foi est le jugement dans l'infini et vous ne pouvez
en avoir si vous n'avez pas présent à l'esprit l'Ordre
Majestueux de l'Univers. Si vous ne faites confiance
qu'aux instruments des hommes, tels que lois, puissance,
connaissance, science, argent, drogues et médicaments,
vous n'avez la foi que dans le relatif, non dans l'infini.
Tout jugement relatif est transitoire et sans valeur. Avant

tout, nous devons nous appliquer à considérer d'Ordre éternel de l'Univers.

Je serais très heureux si vous pouviez utiliser ce livre comme passeport vers le bonheur, ne serait-ce que pendant 10 jours. Si vous voulez vous sentir heureux, libre et plein de vigueur en suivant ces règles vieilles de cinquante siècles, vous pouvez vous mettre en rapport avec moi en tout temps et en tout lieu, je réponds au téléphone sous le nom de « Foi ».

Dans le Royaume de la Vie, chacun doit apprendre tout par soi-même. Il n'existe pour cela ni école spéciale ni université, c'est l'univers qui est l'école éternelle. Il n'y a pas de maître, car chacun doit apprendre de tout et de tout le monde, jour et nuit, surtout d'un ennemi fort et cruel ; sans lutter on devient oisif, faible et stupide.

Ce guide de votre vie est plus que suffisant dans cette grande école. Je n'ai jamais fait de livre qui réponde à autant de questions, bien que j'en aie écrit plus de 300 en japonais. En Orient, le maître pose des questions, mais n'y répond pas, il fortifie ainsi le jugement de ses élèves.

Dans la grande école du bonheur et de la liberté, le seul enseignement est la pratique, la théorie n'est qu'un produit de la pensée.

VOUS DEVRIEZ AVOIR LA LIBERTÉ INFINIE

Si l'homme était supérieur aux animaux, il devrait pouvoir se soigner mieux que n'importe quel animal. Un homme qui ne peut se guérir et ne peut trouver sa propre liberté, son propre bonheur et sa justice, par lui-même, sans l'aide des autres ni d'instruments fabriqués, est créé pour être exploité et dévoré par les autres, pour nourrir des vers et des microbes. Il n'a pas besoin d'aller en enfer après sa mort, il y est de son vivant.

Chacun est né heureux. S'il ne l'est pas, c'est de sa faute, c'est qu'il a violé et continue de violer les Lois de l'Univers. Si vous voulez vivre une vie heureuse, intéressante, gaie et longue, il faut développer votre intelligence et votre jugement en consommant des aliments naturels, conformément aux préceptes de tous les hommes libres, ainsi que l'indiquent les livres sacrés : la Bible, le Canon de l'Empereur Jaune, le I-King, le Tao-té King, la Baghavad Gita, le Charak-Samhita, etc.

Voici un autre test du bonheur : s'il y a dans ce monde une seule personne ou une seule chose que vous ne pouvez aimer, vous ne serez jamais heureux, et si vous n'êtes pas heureux, vous êtes malade, dans votre corps ou dans votre esprit. Si vous êtes malade, il faut vous guérir vous-même ; si ce sont les autres qui vous guérissent, votre guérison est incomplète, car vous perdez votre indépendance et votre liberté.

Votre bonheur et votre liberté doivent être vôtres à 100 %. La santé et le bonheur qui viennent des autres vous créent une obligation qu'il faut payer tôt ou tard. Ceux qui se contentent d'un simple « merci », ou même d'un « merci beaucoup » sont malades mentalement jusqu'à leur dernier souffle parce que leur vie est une longue série de dettes.

En fait, vous ne pouvez rembourser tout ce que vous devez dans cette vie, parce que vous n'avez que ce que vous devez, mais vous vous libérerez si vous répandez la joie et la reconnaissance autour de vous. Vous montrerez ainsi votre réelle compréhension de l'Ordre de l'Univers et de sa Justice. La terre rend 10 000 grains pour un seul, « un pour 10 000 » est la loi de ce monde et le misérable qui la viole ne peut vivre heureux, il se trouve enfermé dans cette prison invisible appelée Maladie, Misère, Difficultés.

VOUS DEVEZ ÊTRE VOTRE PROPRE MÉDECIN

La médecine macrobiotique prépare à une longue vie. Elle est extrêmement simple et économique. On peut l'appliquer en tout temps, en tout lieu et à tout âge. Elle est plus éducative que curative et repose entièrement sur votre intelligence et votre volonté. Vous étudiez la voie qui mène au Satori, à la réalisation de soi-même, à la libération, et c'est un chemin que vous devez parcourir vous-même.

L'art du rajeunissement et de la longévité est pragmatique, c'est-à-dire qu'il est basé sur l'expérience et en particulier sur celle qui sera vôtre, ou sur celle que je vous invite à acquérir. Pour commencer, suivez à la lettre, et pendant dix jours seulement, les règles fondamentales qui sont exposées au chapitre VI, mais pour bien les comprendre, il est nécessaire que je vous parle un peu du principe Yin-Yang.

CHAPITRE V

YIN ET YANG

Le monde est soumis à deux forces antagonistes mais complémentaires que les Orientaux appellent *Yin* et *Yang*. Ceci est très difficile à comprendre pour les Occidentaux, aussi dans ce guide ai-je simplifié la théorie et je vous demande seulement de suivre mes conseils, comme le Professeur Herrigel suivit ceux du maître Awa [1]. Ceci n'est pas aussi difficile que de jeûner et vous pouvez même manger autant que vous voulez, si vous mâchez bien.

Voici donc un court aperçu de la théorie Yin-Yang :

D'après notre philosophie, rien n'existe dans ce monde sinon le Yin et le Yang, la force centrifuge et la force centripète. La force centripète est constringente, et produit le son, la chaleur, la lumière ; la centrifuge est expansive, elle est la source du silence, du calme, du froid et de l'obscurité. Les phénomènes physiques suivants sont l'expression de ces forces :

1. Voyez : *Zen et le tir à l'arc*, de Herrigel.

	Yin	*Yang*
Tendance	Expansion	Contraction
Position	Extérieure	Intérieure
Structure	Espace	Temps
Direction	Ascendante	Descendante
Couleur	Violet	Rouge
Température	Froid	Chaud
Poids	Léger	Lourd
Elément	Eau	Feu
Atome	Electron	Proton
Corps chimiques	Potassium	Carbone, Magnésium
	Oxygène	As, Li, Hg, Ur
	Calcium, Azote	
	S, P, Si, Fé, Go, Gu,	
	Mn, Zn, F, Sr, Pb, etc.	

DOMAINE BIOLOGIQUE

	Yin	*Yang*
Vie	Légume	Animal
Végétaux	Salades	Céréales
Nerfs	Orthosympathique	Parasympathique
Mouvement	Féminin	Masculin
Goût	Poivré-curry	Salé-amer
	Acide, doux, sucré	Alcalin
Vitamines	C, B2, B12, Pp, B1, B6	D, K, E, A

Quelques exemples de cas où Yin produit Yang et Yang produit Yin :

	Yin	*Yang*
Contrée	Froide	Tropicale
Saison	Hiver	Eté
Sexe [1]	Féminin	Masculin

1. L'ovule est Yang et le spermatozoïde est Yin.

Vous vous demandez sûrement ce que vous devez manger et aussi s'il convient ou non d'être végétarien ou fruitarien. Décidez cela plus tard, mais réfléchissez-y quand même dès maintenant. Ce n'est qu'avec la ré-flexion que vous comprendrez et arriverez à un résultat. Réfléchir signifie apprécier en termes Yin et Yang, qui sont les clés du Royaume des Cieux. Pour qui connaît les tendances du Yin et du Yang et sait les équilibrer, l'uni-vers et la vie constituent la plus grande école qui soit. Pour ceux qui ne connaissent pas ce principe, la vie est un enfer.

Le Yang et le Yin dérivent l'un de l'autre :

Les contrées froides, qui sont Yin, produisent des ani-maux et végétaux Yang ; réciproquement, les animaux et végétaux qui sont nés dans des régions Yang, c'est-à-dire chaudes, sont Yin. De la même façon, l'ovule produit par le sexe féminin Yin, est Yang, tandis qu'inversement le spermatozoïde, produit par le sexe masculin Yang, est Yin.

TABLEAU D'ALIMENTS

Classés en ordre allant de Yin ∇ à Yang ∆

Céréales

∇ ∇ ∇ Germes de céréales	∆ Riz
∇ Maïs	Millet
Seigle	Blé
Orge	
Avoine	∆ ∆ Sarrasin

Légumes

∇ ∇ ∇ Aubergine
Tomate
Patate
Piment
Fèves
Haricots (azukis exceptés)
Concombre
Asperges
Oseille
Epinard
Artichaut
Courges
Pousses de bambous
Champignons
∇ ∇ Petits pois
Betterave
Céleri
Ail
∇ Chou-rouge
Chou-fleur, Chou blanc
Lentilles

Chou vert
∆ Pissenlit
Laitue
Mâche
Endives
Chou frisé
Poireau
Pois chiche
Radis
Navet
Oignon
Persil
Cerfeuil
∆ ∆ Potiron
Carottes
Salsifis
Fuki
Bardane
Cresson
Racine de pissenlit
Graines de Potiron grillées
∆ ∆ ∆ Zinenjo

Poissons

∇ Huîtres
Palourdes
Pieuvre
Anguille
Carpe
Moules
Colin
Merlan
Ecrevisses
Truite
Brochet

Sole
Dorade
Thon
∆ Saumon
Langoustines
Crevettes
Homard
Harengs
Sardines
Anchois
∆ ∆ Caviar

Viandes

∇ ∇ Escargots
Grenouilles
Porc
Veau
Bœuf
Cheval
Lapin
Lièvre
∇ Poulet

Mouton
△ Pigeon
Perdrix
Canard
Dinde
△ △ Œufs (doivent être fécondés)
△ △ △ Faisan

Les poulets, perdrix et faisans doivent être nourris de grains.

Laitages

∇ ∇ ∇ Yogourt
Yaourt
Petits suisses
Crème
Crème de fromage
Margarine
Beurre

∇ ∇ Lait
∇ Camembert
Gruyère
Port-Salut
Hollande
△ Roquefort
△ △ Fromage de chèvre

Fruits

∇ ∇ ∇ Ananas
Papaye
Mangue
Pamplemouse
Orange
Banane
Figue
Citron
∇ ∇ Poire
Raisins
Pêche
Melon
Pruneaux

Amandes
Cacahuètes
Noix d'acajou
Pastèque
Cerise
Noisettes
△ Olives vertes
Olives noires
△ Fraises
Mûres
Châtaignes
△ △ Pommes

Divers

∇ ∇ ∇ Miel
   Sucre chimique
   Sucre roux
   Mélasses
   Graisses
   Margarine
  ∇ ∇ Huile de coco

      Huile d'arachide
      Huile d'olive
     ∇ Huile de tournesol
      Huile de sésame
      Huile de colza
     Δ Huile d'égoma

Boissons

∇ ∇ ∇ Café
   Coca-Cola
   Chocolat
   Jus de fruits
   Boissons sucrées
   Champagne
   Vins
  ∇ ∇ Bière
   Thé coloré
   ∇ Eaux minérales
    gazeuses
   Eau de Selz
   Eau minérales non-
    gazeuses
   Eau
   Tilleul
   Menthe
   Thym
   ∇ Camomille

      Romarin
      Armoise
      Thé Bancha (thé
       grillé japonais)
      Malt
      Chicorée
      Kokkoh
      Café Ohsawa
       (Yannoh)
      Café de pissenlit
      Café de bardane
     Δ Δ Thé Mû
      Thé Haru
      Thé Kohren (Lotus)
      Thé Dragon
      Thé Yang Yang
     Δ Δ Δ Jinseng

Condiments

∇ ∇ ∇ Gingembre
   Paprika
   Curry
   Poivre
   Piment

      Citron
     ∇ ∇ Vinaigre
      Moutarde
      Girofle
      Vanille

∇ Laurier
  Ail
  Anis
  Badiane (anis étoilé)
  Carvi
  Cumin
  Noix muscade
  Ciboulette
  Echalote
  Estragon
Δ Cannelle
  Fenouil
  Basilic

      Cerfeuil
      Sariette
      Thym
      Romarin
      Serpolet
      Oignon
Δ Δ Persil
      Sauge
      Raifort
      Safran
      Chicorée sauvage
Δ Δ Δ Gentiane
      Sel marin non raffiné

Tous ces aliments et boissons doivent être naturels ; ils ne doivent pas être préparés industriellement ni traités artificiellement. Faites attention aux aliments frelatés comme les poulets, les dindes, les canards nourris chimiquement et dont les œufs sont aussi suspects. Il est très difficile actuellement de trouver de l'eau et du sel dans leur état originel et même de l'air, mais nous pouvons résister aux poisons qu'ils contiennent lorsque notre organisme est en bon équilibre.

L'alternative Yin-Yang varie également suivant la saison et le climat d'origine. Elle peut être aussi grandement modifiée par la préparation culinaire et par la façon de manger, d'où l'importance de la cuisson et de la tenue à table. Dans le vieux Japon, les repas comptaient parmi les cérémonies les plus importantes, en tant que créateurs de vie et de pensée. Réfléchissez à l'importance de la découverte du feu qui a différencié l'homme des animaux.

Voici un menu pour une semaine parmi des centaines d'autres :

Petit déjeuner	Déjeuner	Dîner
Crème de riz	Riz complet ou pain	Chapati
	Nitukés de carottes	Soupe russe
	radis	
Crème d'avoine	Kasha	Macaroni de
	Nitukés de cresson	sarrasin
Crème de sarrasin	Riz Gomoku	Soupe à la polenta
Crème de riz	Riz complet	Soupe jardinière
	Misoni, carottes	Pain Ohsawa
	Oignons	
Pain complet avec	Riz complet, Tenpura	Mori (sarrasin)
miso et yannoh	avec sauce de soja	
Crème d'avoine	Riz frit	Potage potiron
	Nituké de carottes	Pain complet
	Sarrasin grillé	Riz complet
	Pain complet	
	Café Ohsawa	

Vous pouvez toujours prendre vos aliments avec du gomasio et de la sauce de soja.

Le thé vert naturel avec sauce de soja (syo-ban) est recommandé avant et après chaque repas.

Le thé Mû est aussi recommandé à ceux qui veulent se « yanguiser » aussi rapidement que possible ; il doit être pris pendant les repas ou à 5 heures.

Le soja, le miso, le tekka, la crème de miso, etc., doivent remplacer le beurre et le fromage.

CHAPITRE VI

MA CUISINE MACROBIOTIQUE
OU LES DIX FAÇONS DE S'ALIMENTER
CONVENABLEMENT

Il existe dix façons de manger et de boire qui permettent de vous constituer une bonne santé en réalisant l'équilibre Yin-Yang. Mais si vous ne comprenez pas la théorie, vous pouvez toujours choisir un des régimes indiqués dans le tableau ci-dessous, vrais chemins vers le bonheur, et le suivre attentivement.

N°	Céréales	Légumes	Potages	Viandes	Salades	Desserts	Boissons
7	100%						Aussi
6	90%	10%					peu
5	80%	20%					que
4	70%	20%	10%				possible [1]
3	60%	30%	10%				
2	50%	30%	10%	10%			
1	40%	30%	10%	20%			
1	30%	30%	10%	20%	10%		
2	20%	30%	10%	25%	10%	5%	
3	10%	30%	10%	30%	15%	5%	

1. Les enfants et les personnes âgées doivent boire un peu plus, suivant leur condition.

Vous pouvez commencer par remplacer les viandes par les fruits et la salade et devenir ainsi végétarien.

Si vous n'arrivez pas au bien-être que vous désirez, essayez le régime au-dessus. Le plus élevé, celui qui a le n° 7, est le plus facile ; le plus bas est le plus difficile. Aussi essayez le régime le plus simple pendant 10 jours en suivant les règles suivantes :

1) Ne prenez pas d'aliments ni de boissons fournis par l'industrie, tels que sucre, boissons de conserve, aliments colorés chimiquement, œufs non fertilisés, conserves ;

2) Cuisez vos aliments conformément aux principes macrobiotiques, c'est-à-dire à l'huile végétale ou à l'eau. Salez avec du sel marin non raffiné et non enrichi. Employez de préférence les récipients en terre cuite, pyrex ou fonte émaillée.

3) A mesure que votre condition physique et morale s'améliorera et que vous comprendrez mieux le principe Yin-Yang, vous essayerez des régimes plus bas sur le tableau, mais avec grande prudence. Vous pouvez continuer les régimes au-dessus du n° 3 aussi longtemps que vous le désirez sans aucun danger, mais si vous n'allez pas mieux (vous pouvez contrôler votre état de temps à autre à la lumière des sept normes mentionnées plus haut), revenez au régime n° 7 pendant une ou deux semaines et même plus longtemps.

4) Ne mangez ni fruits ni légumes cultivés à l'aide d'engrais chimiques ou qui ont été protégés par des insecticides.

5) Ne prenez pas d'aliments provenant d'une région éloignée de celle où vous vivez. (Exceptions cependant).

6) Ne mangez aucun légume hors de saison.

7) Evitez le plus possible les légumes les plus Yin tels que les pommes de terre, les tomates, les aubergines.

8) Ne prenez pas d'épices, ni d'ingrédients chimiques, à l'exception du sel naturel, des sauces macrobiotiques et du miso (voir n° 20), que vous trouverez dans les maisons spécialisées de France et de Belgique.

9) Le café est interdit. Ne prenez pas de thé contenant des colorants cancérigènes. Seuls le thé de Chine naturel et le thé japonais sont permis.

10) Presque tous les aliments provenant d'animaux domestiques comme le beurre, le fromage, le lait ou les chairs de poulet, de porc, de bœuf, etc., ont été traités avec des produits chimiques, tandis que la plupart des animaux sauvages, oiseaux, coquillages en sont purs.

BONNES CHOSES

Toutes les céréales comme le riz complet, le sarrasin, le blé, le maïs, l'orge, le millet sont excellentes. Vous pouvez les manger crues ou cuites, avec ou sans eau, grillées, cuites au four ou en crème, en aussi grandes quantités que vous voulez, mais en les mâchant bien.

Vous pouvez également manger tous les légumes de saison (excepté ceux mentionnés plus haut) tels que : carottes, oignons, potiron, radis, chou, chou-fleur, cresson, laitue. Parmi les plantes sauvages, vous pouvez prendre du pissenlit, du pas d'âne, de la bardane, de la bourse à pasteur, du cresson, etc.

Bien mâcher

Il faut mâcher chaque bouchée au moins 60 fois et, si vous voulez assimiler la méthode macrobiotique aussi rapidement que possible, 100 ou 150 fois. « Vous devez mâcher vos boissons et boire vos aliments », disait Gandhi. La bouchée la plus délicieuse devient d'autant meilleure que vous la mâchez mieux. Essayer avec un beefsteak : très vite vous le trouverez sans goût, car seuls les aliments vraiment bons et indispensables s'améliorent par la mastication, à tel point que si vous prenez l'habitude de bien mâcher, vous ne pourrez y renoncer jusqu'à la fin de vos jours.

Moins de liquide

Boire moins est difficile, bien plus que de manger moins et plus simplement. Notre corps est en majorité composé d'eau, mais le riz cuit en contient 80 à 70 % et les légumes de 80 à 90 %, de sorte qu'en buvant nous prenons inévitablement trop d'eau, qui est Yin. Si vous voulez accélérer les résultats de la cure macrobiotique, vous devez boire moins, de façon à n'uriner que 2 fois par jour pour les femmes et 3 fois pour les hommes.

La formule « buvez tant que vous voudrez » est une bien pauvre recommandation dont l'auteur ignorait certainement la merveille du métabolisme rénal et en particulier celle des glomérules de Malpighi.

LA CUISINE MACROBIOTIQUE

Notre cuisine macrobiotique est délicieuse, mais vous devez la préparer vous-même. Cela prendra un peu de temps, car il faut pour cela être créateur, c'est-à-dire avoir l'art de combiner le Yin et le Yang. Malheureusement, dans l'éducation moderne, la faculté de créer est négligée et même détruite.

La vie est créatrice, vivre c'est créer et nous ne pouvons vivre sans créer : nous fabriquons tous les jours du sang qui alimente nos activités. Notre pouvoir d'adaptation est dû à cette capacité créatrice et la vie est l'expression de cette capacité, qui dépend largement du dosage et de la préparation des éléments Yin et Yang dans nos aliments et dans nos boissons.

Au début, ignorant tout de la cuisine macrobiotique, vos plats ne seront pas succulents, mais cela n'a pas d'importance, s'ils ne le sont pas, vous mangerez moins, au grand avantage de votre estomac et de vos intestins, qui sont certainement plus ou moins fatigués. De sorte que vous mériterez quand même mes félicitations.

En étudiant à la fois la pratique et la théorie, vous développerez votre jugement et, tôt ou tard, vous deviendrez un expert dans l'arrangement Yin-Yang de vos plats, qui est l'art le plus important dans notre vie.

Chapitre VII

LES PRINCIPAUX ALIMENTS

A mon avis, la chose la plus étrange en Occident est l'absence de la moindre notion sur les principes alimentaires, ceux-ci ne font l'objet d'aucun enseignement dans les écoles. Cet enseignement était considéré autrefois comme extrêmement important et, au commencement de notre Histoire, les principaux aliments étaient même déifiés. Les Oupanishads disent que les Sages à la recherche de Dieu croyaient qu'il était représenté sur terre par le blé aussi, suivant cette tradition, les familles brahmanes orthodoxes du sud de l'Inde offrent encore une prière au riz avant de le consommer. Je crois que cette assimilation du blé à Dieu est la conception la plus importante de l'humanité. Elle eut une influence énorme, comme celle du feu. En arrivant de ce côté de la terre, je me suis aperçu que ces notions avaient été complètement perdues de vue.

Nous pouvons naturellement vivre en mangeant tout ce qui plaît à nos sens et à notre bourse, mais il y a toujours des limites à ce genre d'alimentation, dont la première conséquence est la fuite du bonheur et l'apparition de difficultés de toutes sortes, en maladies, en crimes, en guerre.

En faisant la distinction entre les aliments principaux et les aliments secondaires, les peuples de l'Orient menèrent une vie libre et heureuse jusqu'à la venue de la brillante civilisation occidentale, plus ou moins violente, avec ses machines scientifiques et industrielles.

J'en fis l'expérience personnelle. Dans mon enfance, il y a environ 60 ans, j'étais heureux, vivant de la nourriture et de la boisson traditionnelles. Vers la fin de mon enfance, la civilisation occidentale pénétra dans notre famille et la détruisit. Je vis la mort de deux sœurs, de ma mère âgée de 30 ans, et de mon jeune frère. Ensuite, ce fut mon tour de tomber malade, mais heureusement je fus obligé d'abandonner les aliments et les boissons étrangères ainsi que tout médicament, étant trop pauvre pour en acheter. A 16 ans, j'étais mourant, car je continuais d'absorber de grandes quantités de sucre traité chimiquement et de bonbons.

A 18 ans, je découvris notre médecine ancestrale qui me guérit complètement. Depuis, je n'ai pas été malade, excepté une fois, quand je provoquai volontairement ces maux effroyables et « incurables » appelés en Afrique « ulcères tropicaux », lors de mes recherches à l'hôpital du Dr Schweitzer. Pendant 48 ans, je n'ai pas cessé d'enseigner cette hygiène et je n'ai jamais vu de malade ne pas améliorer son état en observant strictement mon régime. Ceux qui ne peuvent comprendre la Philosophie, ou la Conception de l'Univers, qui est à la base de cette thérapeutique, ne peuvent naturellement pas être guéris.

Voici une liste des aliments qui doivent constituer au moins 60 % de votre alimentation (N° 3 des dix chemins de la santé) et diverses façons de les préparer.

Riz

1. *Riz complet.*

Lavez-le à l'eau froide, ajoutez-y deux ou trois fois son volume d'eau et une pincée de sel. Lorsqu'il a bouilli, laissez-le mijoter sur une petite flamme pendant plus d'une heure, jusqu'à ce que le fond de la casserole soit légèrement brûlé. La partie jaune est la plus yang, la meilleure, parce qu'elle est la plus lourde, la plus riche en minéraux et la plus nourrissante. C'est pourquoi elle est particulièrement efficace pour les personnes et les malades à tendance Yin. Si vous utilisez une marmite à pression, il convient de mettre un peu moins d'eau et de ne faire mijoter, après ébullition, que pendant 20 à 25 minutes. Ensuite, arrêtez le feu et laissez reposer pendant 10 à 20 minutes.

2. *Riz Sakura.*

Ajoutez au riz 5 à 10 % de sauce japonaise et cuisez comme ci-dessus.

3. *Riz aux Azukis.*

Préparez le riz comme au n° 1, ajoutez des azukis (petits haricots rouges) partiellement cuits, salez et faites bouillir. Si vous utilisez une marmite à pression, vous pouvez ajouter les azukis crus dès le commencement.

Bon pour les reins, la rate, le pancréas.

4. *Riz Gomoku.*

Mélangez au riz bouilli 5 à 10 % de légumes cuits. (Voir chapitre VIII).

5. *Riz Tciahan*, recette n° 1.

Ajoutez au riz bouilli des légumes Nitukés comme
au n° 4 et faites frire dans une petite quantité d'huile
végétale.

6. *Riz Tciahan*, recette n° 2.

Mettez les légumes Nitukés dans une poêle à frire,
ajoutez le riz cuit et faites sauter. Salez légèrement.

7. *Croquettes de riz.*

Mélangez des légumes Nitukés au riz bouilli et ajoutez
un peu de farine. Mettez un peu d'eau, faites des boulettes, aplatissez-les et faites-les frire dans l'huile comme
des pommes de terre.

8. *Boulettes de riz.*

Trempez votre main gauche dans une solution salée à
5 %, prenez 2 bonnes cuillerées de riz bouilli, pressez-les
avec la main droite et donnez-leur une forme triangu-
laire. Saupoudrez-les avec quelques graines de sésame
grillées.

9. *Boulettes grillées.*

Faites frire les boulettes préparées comme ci-dessus
dans l'huile jusqu'à ce qu'elles deviennent croquantes.

10. *Boulettes Gomoku.*

Faites des boulettes de riz mélangées avec des légumes
Nitukés.

11. *Riz au sésame.*

Ajoutez 10 % de graines de sésame grillées et un peu
de sel au riz préparé comme au n° 1.

12. *Boulettes au sésame.*

Mélangez 20 % de graines de sésame grillées et un peu de sel avec du riz bouilli et roulez le tout en boulettes.

13. *Boulettes d'azukis.*

Faites des boulettes avec le riz préparé comme au n° 3.

14. *Boulettes aux algues Nori* (laitue de mer).

Enveloppez les boulettes avec des Noris grillées. C'est un plat très agréable pour les pique-niques.

15. *Boulettes aux algues Tororo Konbu.*

Roulez les boulettes dans des algues Tororo Konbu ou Oboro Kunbu en poudre.

16. *Riz aux prunes salées de trois ans.*

Si vous mettez une de ces prunes au centre de chaque boulette, non seulement la saveur en sera améliorée, mais le riz se conservera mieux, même en été.

16b. *Riz complet « Kayu ».*

Faites bouillir du riz dans 5 à 7 parties d'eau et salez. Ce plat est excellent pour les malades sans appétit.

17. *Riz roulé aux algues Nori* (laitue de mer).

Faites griller les algues légèrement, placez-les sur un plateau, étendez-y du riz sur une épaisseur de deux centimètres environ. Placez dessus des légumes Nitukés et roulez le tout ensemble. Coupez en tranches de 3 à 4 centimètres et servez.

18. *Canapé Gomoku.*

Disposez élégamment 2 carottes en julienne (Nitukés) dans une boîte rectangulaire, deux racines de lotus finement coupées (nitukés), deux œufs battus et frits dans une mince couche d'huile avec du cresson haché (nitu-kés). Par dessus le tout, pressez du riz bouilli sur six centimètres d'épaisseur, renversez sur un plat et coupez en tranches.

19. *Riz aux marrons.*

Cuisez des marrons à l'eau et complétez la cuisson en les faisant bouillir avec du riz. Si vous utilisez une marmite à pression, mélangez les marrons crus au riz et faites bouillir. Les marrons représentent 10 à 20 % du riz.

20. *Miso « Zosui ».*

Faites du Kayu (16b) et ajoutez une cuillerée à café de miso (pâté de soja avec du riz ou du blé). Vous pouvez faire ceci avec du riz au four en ajoutant de l'eau et du miso, ou de la soupe de miso. Ce plat devient délicieux si vous y ajoutez un morceau de moti (gâteau de riz) grillé ou rôti.

21. *Riz façon couscous.*

Faites bouillir le riz comme d'habitude et ajoutez-y des pois chiches et des oignons.

22a. *Crème de riz.*

Faites griller du riz jusqu'à ce qu'il devienne roux, moulez-le, ajoutez 3 verres d'eau pour 4 cuillerées à soupe de farine, faites bouillir 25 minutes, en ajoutant de l'eau si nécessaire. Salez à votre goût.

22b. *Omedeto.*

Faites griller 190 grammes de riz, ajoutez 60 grammes d'azukis et faites cuire avec 12 parties d'eau pendant environ une heure. Avec une marmite à pression, n'ajoutez que 5 à 6 parties d'eau. Excellent dessert.

23. *Potage au riz.*

Etendez de la crème de riz avec de l'eau, ajoutez des croûtons de pain et du persil haché.

24. *Boulettes de riz.*

Ajoutez une pincée de sel à de la farine de riz, mettez-y assez d'eau pour faire des boulettes et faites frire à l'huile.

SARRASIN

25. *Kacha.*

Faites sauter une tasse de sarrasin dans une cuillerée à café d'huile, ajoutez deux tasses d'eau et une cuillerée à café de sel. Faites bouillir lentement sur une petite flamme. Servez avec des légumes nitukés, de la crème de miso (20), etc.

26. *Croquettes.*

Ajoutez au kacha des carottes râpées, des oignons, etc., de la farine, un peu d'eau et de sel. Mélangez le tout, faites des boulettes que vous ferez frire à l'huile.

27. *Kacha frit.*

Mélangez au kacha bouilli un peu de farine, des oignons hachés, du sel et de l'eau. Faites frire à l'huile en versant cette pâte dans la poêle à l'aide d'une cuillère.

28. *Kacha gratiné.*

Mettez du kacha bouilli dans une casserole et faites-le cuire au four jusqu'à ce que le dessus soit bruni.

29. *Sarrasin Kaki.*

Délayez du sarrasin dans deux parties et demie d'eau, mettez au feu et remuez jusqu'à cuisson. Servez avec de la sauce de soja.

30. *Crème de sarrasin.*

Faites revenir deux bonnes cuillerées à soupe de farine de sarrasin dans une cuillerée à café d'huile jusqu'à brunissement. Délayez-le dans une à deux tasses d'eau, faites bouillir jusqu'à épaississement et salez à votre goût. Servez avec des croûtons.

31. *Sarrasin frit* (1).

Délayez de la farine de sarrasin dans une partie et demie d'eau, ajoutez un peu de sel et faites frire comme des pommes de terre.

32. *Sarrasin frit* (2).

Au mélange ci-dessus, ajoutez de l'oignon haché avant de frire.

33. *Sarrasin gratiné.*

Faites revenir à l'huile des oignons, des carottes, du chou-fleur, faites bouillir dans un peu d'eau et salez. Mettez le tout dans un plat ; versez-y une mince couche de sarrasin et cuisez au four.

34. *Sarrasin Soba.*

Délayez un œuf, du sel et une livre de farine de sarrasin dans un peu d'eau, pétrissez cette pâte. Etendez-la sur une épaisseur de quelques millimètres, roulez-la ensuite et coupez-la en tranches aussi fines que possible. Jetez ces tranches dans de l'eau bouillante jusqu'à ce qu'elles soient cuites. Egouttez-les et séparez-les en y jetant de l'eau froide et égouttez encore. Si vous les faites sécher, cuisez-les ensuite dans de l'eau bouillante. L'eau qui à servi à les cuire peut être bue ou servir à cuire des légumes, car elle est très riche en protéines pures.

35. *Sarrasin « Mori ».*

Hachez une échalote et faites-la sauter dans une cuillerée à café d'huile, ajoutez trois tasses d'eau, douze
centimètres de Konbu séché (longues algues prises à
20 mètres de profondeur), et faites bouillir. Enlevez le
Konbu, ajoutez une cuillerée à café de sel et 5 cuillerées
à soupe de sauce de soja, enlevez du feu, aussitôt que le
mélange bout. Cette sauce doit être un peu salée. La
verser sur du sarrasin cuit (voir n°35).

36. *Sarrasin « Kaké ».*

Mettez des nouilles Teuchi au sarrasin préalablement
cuites dans une passoire et versez-y de l'eau bouillante.
Servez dans des bols où vous verserez de la sauce pour
sarrasin (voir n°35).

37. *Sarrasin « Tenpura »* (voir n° 69).

Faites chauffer des nouilles au sarrasin préalablement
cuites et servez-les dans des bols. Ajoutez-y des crevettes
ou des légumes tenpura et versez-y de la sauce 35 pour
sarrasin.

38. *Sarrasin « Kituné ».*

Faites chauffer des nouilles Teuchi au sarrasin préalablement cuites et servez-les dans des bols. Ajoutez-y des
haricots verts grillés, des échalotes bouillies, etc., et
versez par dessus de la sauce pour sarrasin N° 35.

39. *Sarrasin « Ankaké ».*

Faites chauffer des nouilles Teuchi au sarrasin et
servez-les dans des bols. Faites sauter à l'huile des échalotes, des carottes, du chou, etc., ajoutez de la sauce au
sarrasin puis un peu de pâte de farine obtenue en
mélangeant petit à petit de la farine avec un peu d'eau.

Faites bouillir jusqu'à consistance et versez ce mélange sur les nouilles.

40. *Sarrasin « Yaki »*.

Faites griller des nouilles Teuchi dans un peu d'huile, disposez-les sur un plat et mettez par dessus des légumes Ankakés.

41. *Miso et sarrasin*.

Préparez une sauce de miso (voir n° 147) et de tahin (beurre de sésame) que vous verserez sur des nouilles de sarrasin.

42. *Sarrasin gratiné*.

Faites revenir à l'huile des oignons, des carottes, du chou-fleur, etc. Préparez une sauce béchamel et ajoutez-y des légumes. Mettez des nouilles au sarrasin dans une casserole, versez-y la sauce et cuisez au four.

43. *Macaroni, nouilles, vermicelles*.

Faites-les bouillir, égoutter et lavez-les à l'eau froide. Ces aliments peuvent être préparés comme le sarrasin.

MILLET ET AUTRES CÉRÉALES

44. *Millet*.

Faites revenir une tasse de millet dans deux cuillerées à soupe d'huile, ajoutez un peu de sel et 4 parties d'eau. Faites chauffer à feu doux en baissant la flamme lors de l'ébullition. Laissez mijoter longtemps jusqu'à ce qu'il soit tendre. Servez avec de la crème de miso, des nitukés ou du miso. Ce millet peut être utilisé pour faire des croquettes de Kacha, du Kacha frit, etc.

45. *Couscous.*

Le couscous peut être cuit à la vapeur, ou bouilli comme le kacha. Faites bouillir des oignons hachés jusqu'à ce qu'ils soient bien cuits, ajoutez-y une petite quantité d'huile et de sel. Servez le tout ensemble ; c'est la recette arabe.

46. *Boulgour.*

Préparez de la même façon que le kacha, selon la méthode arménienne. On peut prendre pour cela de la grosse farine de blé passée à la vapeur et séchée.

47. *Avoine moulue.*

Préparez-la comme le couscous. N'employez pas de lait.

48. *Riz cru.*

Prenez comme petit déjeuner une poignée de riz cru et vous chasserez tous les parasites de votre intestin, en particulier du duodénum. Si vous continuez pendant quelques jours, vous serez surpris de voir partir tant de parasites, quelquefois même du nez et de la bouche. Je ne connais rien de plus efficace, mais il faut mâcher chaque bouchée au moins 100 fois.

49. *Graines de potiron « Hokkaido ».*

Chauffez convenablement des graines de potiron « Hokkaido », arrosez-les d'un peu d'eau salée ou grillez-les avec un peu d'huile et de sel. Vous pouvez les manger au dessert, comme les Chinois. C'est un excellent remède contre les vers, en particulier contre le tœnia.

50. *Gomasio – sel et sésame.*

Faites griller légèrement des graines de sésame, écrasez-les à moitié, ajoutez 10 à 20% de sel grillé et écrasez le tout. Manger ce mélange tous les jours sur du pain, avec du riz, etc. Il doit être conservé dans un récipient hermétique. C'est une préparation délicate, les graines de sésame ne doivent pas être trop grillées ni entièrement réduites en poudre. Ne pas conserver au-delà de 8 jours.

51. *Umebosis.*

Ce sont des prunes japonaises salées et conservées pendant au moins 3 ans. Toutes les familles japonaises traditionnalistes en préparent chaque année. A utiliser contre la soif et les parasites intestinaux.

CHAPITRE VIII

LES ALIMENTS SECONDAIRES

NITUKÉS

D'une façon générale, un nituké est un plat de légumes frits à l'huile végétale. Il doit être servi sec, aucun plat au jus ne peut avoir ce nom.

52. *Nituké de carottes.*

Hachez deux carottes en long et faites-les sauter dans une cuillerée d'huile. Ajoutez des graines de sésame grillées et salez. Tout nituké est un peu salé. Très bon en cas de cécité nocturne.

53. *Nituké d'endives.*

Fendez 5 endives en deux et faites-les sauter dans deux cuillerées d'huile. Ajoutez une cuillerée de sel, couvrez et faites bouillir à petit feu jusqu'à cuisson. Ajoutez un peu de sauce de soja.

54. *« Kinpira ».*

Fendez des racines de bardane et des carottes, dans la proportion de trois à une. Faites sauter à l'huile les racines de bardane jusqu'à ce qu'elles soient bien cuites, ajoutez les carottes et faites cuire dans un peu d'eau. Salez et ajoutez de la sauce de soja. Recommandé en cas d'anémie, de fatigue, de faiblesse, de maladies de la peau, de conjonctivites, de trachome.

55. *Nituké d'oignons.*

Coupez des oignons et faites-les sauter à l'huile. Salez et ajoutez un peu de sauce de soja. Très bon pour les rhumatismes.

56. *Nituké de cresson.*

Coupez du cresson en morceau de trois centimètres et faites-les sauter dans l'huile sur un feu doux. Ajoutez du sel. Vous pouvez en rehausser la saveur avec un peu de tahin (beurre de sésame). Excellent en cas de paralysie, d'anémies, de scorbut.

57. *Nituké de choux aux oignons.*

Comme le précédent.

58. *Nituké de carottes aux oignons.*

Comme le précédent.

59. *Nituké de céleri aux échalotes.*

Faites sauter à l'huile des échalotes, ajoutez céleri et salez.

60. *Nisime.*

Coupez en gros morceaux des carottes ou des racines de bardane, ou de lotus, des radis blancs, des haricots verts, du « simi-tofu », du « yuba » (écume de soja), ajoutez de l'eau et faites bouillir jusqu'à cuisson. Salez et ajoutez de la sauce de soja.

POTAGES

61. *Soupe russe.*

Prenez une carotte, 3 oignons, un petit chou, 160 grammes de riz cuit, 4 cuillerées à soupe d'huile, du sel. Coupez les oignons en quatre, faites-les frire à l'huile, ajoutez le chou coupé en cubes de 3 cm., faites sauter, ajoutez les carottes coupées en fines tranches et couvrez d'eau. Faites bouillir à petit feu, pendant longtemps. Ajoutez de l'eau si le mélange épaissit et salez.

62. *Jardinière.*

Coupez en petits morceaux des carottes, des échalotes, un chou-fleur, etc., que vous ferez revenir à l'huile. Ajoutez de l'eau et faites bouillir jusqu'à cuisson. Salez à volonté. Les tiges vertes des échalotes peuvent être utilisées pour des nitukés.

63. *Polenta* (grosse farine de maïs).

Coupez en gros morceaux des navets, carottes, oignons, etc., puis faites-les revenir à l'huile. Ajoutez de l'eau pour couvrir complètement les légumes, faites bouillir jusqu'à la cuisson. Faites brunir 3 bonnes cuillerées de polenta dans 3 cuillerées d'huile, mélangez avec de l'eau pour en faire une pâte fine que vous verserez sur les légumes et faites bouillir doucement à petit feu. Salez.

64. *Soupe de millet.*

Faites de même que précédemment en utilisant de la fine farine de millet.

65. *Ragoût de légumes.*

Faites revenir à l'huile des navets, oignons, carottes, choux-fleurs, puis faites bouillir. Après cuisson, versez de la farine revenue dans l'huile et ajoutez de l'eau. Laissez cuire quelques minutes.

66. *Gratin de légumes.*

Faites bouillir des légumes comme pour la soupe, mettez-les dans une casserole et couvrez-les de polenta ou de farine fine (millet, sarrasin, etc.), préparés en sauce Béchamel. Faites cuire au four.

67. *Potage au potiron.*

Prenez une livre de potiron ou de courge, un oignon, de l'huile, du sel, 4 cuillerées de farine. Coupez l'oignon en petits morceaux que vous ferez revenir à l'huile. Ajoutez-y le potiron en petits morceaux. Faites cuire dans un peu d'eau et salez à volonté. Passez, puis faites bouillir avec de la farine grillée dans l'huile. Servez avec des croutons, du persil, etc. Ce potage est succulent avec du potiron Hokkaido.

68. *Potage aux carottes.*

Préparez de la même façon que celui au potiron.

PLATS DIVERS

69. *Tenpura.*

Coupez en tranches des carottes, des échalotes, etc., plongez-les dans de la pâte à crêpes (farine délayée dans une fois ou une fois et demie d'eau). Salez et faites frire comme des beignets.

70. *Potages divers.*

Les potages au cresson, aux choux-fleurs, aux endives, aux racines de bardane, aux racines de lotus, au céleri et à une quantité d'autres légumes sont préparés comme précédemment.

71. *Boulettes de lotus.*

Râpez des racines de lotus, mélangez-y autant d'oignons en tranches et salez. Ajoutez de la farine pour lier et faites frire comme des beignets. Ce plat est recommandé contre l'asthme, le diabète, la polio, l'arthrite, etc.

72. *Boulettes de lotus sauce Béchamel.*

Placez les boulettes ci-dessus dans de la sauce Béchamel et saupoudrez-les de céleri haché. Si vous servez les légumes tenpura (recette 69) de cette façon, leur saveur est grandement rehaussée. Les farines de millet, de sarrasin, ou toutes autres peuvent être utilisées pour la Béchamel.

73. *Potiron au four.*

Coupez un potiron en gros morceaux, saupoudrez-les de sel et faites cuire au four. Servez avec de la sauce miso ou de soja. Recommandé en cas de diabète.

74. *Potiron bouilli et Miso.*

Coupez un potiron en gros morceaux, hachez des oignons que vous ferez revenir à l'huile. Ajoutez-y le potiron, puis de l'eau et du sel, faites bouillir jusqu'à cuisson et ajoutez du miso. Très bon pour les diabétiques.

75. *Potiron bouilli.*

Coupez une courge ou un potiron Hokkaido en gros morceaux. Hachez des oignons, préparez-les comme ci-dessus. N'ajoutez qu'un peu de sel et faites bouillir jusqu'à cuisson.

76. *Racine de lotus « Ankaké »*.

Coupez en cubes des racines de lotus, des carottes, des radis blancs, etc. que vous ferez revenir à l'huile. Ajoutez un peu d'eau et faites bouillir jusqu'à cuisson. Epaississez le tout avec de la farine d'arrow-root diluée dans l'eau.

77. *Navet « Ankaké »*.

Faites revenir à l'huile des navets ronds entiers puis faites-les cuire à l'eau. Salez et épaississez avec de la farine d'arrow-root. Ajoutez finalement un peu de sauce de soja.

78. *Gruau d'Arrow-root* (Kuzu).

Délayez de la farine d'arrow-root ou de Kuzu dans de l'eau, une cuillerée pour 150 grammes d'eau. Faites épaissir à feu doux en remuant constamment. Salez et ajoutez de la sauce de soja. (Lorsque l'appétit est pauvre par suite de rhume ou de grippe, une assiettée de ce gruau améliorera la condition du malade).

PÂTÉS

79. *Pâté de potiron* (sans pommes pour les malades).

Prenez une livre de potiron et d'oignons. Coupez les oignons en petits morceaux et faites-les revenir dans une cuillerée à soupe d'huile. Ajoutez le potiron en tranches et faites bouillir dans un peu d'eau. Salez et passez au tamis pour en faire une crème. Pour la croûte du pâté, délayez une tasse de farine dans trois cuillerées d'huile. Si vous avez de la farine complète, passez-la pour en ôter le son, que vous utiliserez pour faire des tenpuras, des croquettes, etc.). Votre huile pourra comporter une part égale d'huile de sésame. Prenez une demi-cuillerée à café de sel, une de cannelle, une d'écorce d'orange moulue et mélangez le tout dans un peu d'eau pour en former une pâte douce que vous étalerez dans un moule sur une épaisseur d'un-demi centimètre environ. Couvrez cette pâte d'une couche de potiron de 3 centimètres au-dessus de laquelle vous ajouterez une pomme coupée en cubes. Recouvrez le tout avec de la pâte, incrustez les bords avec une fourchette, dessinez un joli motif sur le dessus et frottez-le avec un jaune d'œuf. Découpez une croix au centre avec un couteau. Faites cuire au four.

80. *Pâté de marrons et pommes.*

Faites cuire des châtaignes à l'eau, ajoutez-y de la cannelle, de l'écorce d'oranges et faites une pâte comme pour le pâté de potiron, que vous garnirez de la même façon.

81. *Pâté d'Ogura* (permis aux malades).

Comme garniture, faites bouillir des haricots azukis avec ou sans marrons, salez légèrement, et faites cuire au four.

82. *Pâté de riz.*

Ce plat, qui est permis aux malades, peut être utilisé comme nourriture principale. Mélangez du riz complet bouilli avec des nitukés de légumes, ajoutez un peu de farine, préparez le pâté comme ci-dessus et cuisez-le au four.

83. *Pâté de marrons, aux pommes de terre douces (patates).*

Contrairement au précédent, ce plat n'est pas pour les malades. Faites cuire des patates à l'eau, salez et ajoutez des marrons cuits à l'eau. Garnissez-en le pâté préparé comme ci-dessus.

84. *Tarte de légumes.*

Faites sauter à l'huile des carottes, des oignons, du chou-fleur, etc., et faites cuire à l'eau. Garnissez un plat avec de la pâte que vous remplirez de légumes. Délayez de la farine grillée à l'huile dans le jus de nituké et versez cette sauce sur la garniture au lieu de la couvrir de pâte. Cuisez au four.

85. *Tarte aux oignons et carottes.*

Préparez une pâte et garnissez-en un moule, mélangez des carottes et des oignons que vous ferez revenir à l'huile, salez et ajoutez un œuf battu. Versez le tout sur la pâte et cuisez au four.

86. *Tarte aux pommes.*

Garnissez un moule avec de la pâte, coupez 3 pommes en tranches que vous disposerez sur la pâte comme les pétales d'une fleur. Salez et cuisez au four. Faites une pâte à l'arrow-root que vous épaissirez au feu et verserez ensuite sur les pommes. On peut employer de l'agar-agar ou de la gélatine à défaut d'arrow-root.

87. *Pâté de pruneaux.*

Dénoyautez des pruneaux et cuisez-les dans un peu d'eau. Ajoutez une pincée de sel et de cannelle. Préparez le pâté comme celui au potiron.

88. *« Kinton » aux pommes et potimarrons.*

Ce plat, qui n'est pas pour les malades, est préparé avec des marrons et des pommes dans la proportion de trois à un. Faites cuire les marrons à l'eau, mettez-en un tiers de côté. Ajoutez-y les pommes préalablement coupées en tranches et faites-les bouillir jusqu'à cuisson. Tamisez et ajoutez le reste des marrons entiers.

RAVIOLIS (GYOSAS)

89. *Piroskis, permis aux malades.*

Préparez une pâte, découpez-la en rondelles de dix centimètres environ. Hâchez des carottes, des oignons, du cresson, etc., et faites-les revenir à l'huile. Ajoutez-y du riz bouilli, assaisonnez et faites sauter le tout. Faites-en des petites boulettes que vous mettrez sur les rondelles de pâte, refermez celles-ci sur chaque boulette et fermez-les en les pinçant avec une fourchette. Faites frire à l'huile. Vous pouvez aussi changer de légumes et faire cuire les boulettes au four. Frottez-les avec un jaune d'œuf pour les rendre plus appétissantes. De petites assiettes peuvent être utilisées pour ces boulettes, que les enfants apprécient particulièrement.

90. *Gyosas.*

Faites une pâte avec de la farine, de l'eau et un peu de sel, étendez-la en couche très mince et découpez-la en rondelles de 6 à 9 centimètres. Coupez des légumes en cubes que vous ferez sauter et que vous salerez avant d'y ajouter un peu de farine. Enveloppez ce mélange dans la pâte en longs cylindres et faites bouillir jusqu'à cuisson. Servez avec de la sauce de soja, de miso, etc.

91. *Gyosa grillé.*

Faites griller le gyosa bouilli dans un peu d'huile jusqu'à ce qu'il devienne croquant.

92. *Gyosa frit.*

Faites frire le gyoza bouilli dans de l'huile comme des pommes de terre.

93. *Gyosa gratiné.*

Mettez le gyoza frit ou grillé dans un plat et versez-y de la crème de riz, ou de millet, etc. Mettez le tout au four. Si vous avez des invités, ajoutez-y quelques crevettes ou de la viande blanche, ou de la volaille. Pour les malades, faites votre crème avec de la farine de sarrasin.

CHAPATI

94. *Chapati* (recommandé aux malades comme nourriture de base, également pour les personnes Yin).

Faites une pâte avec de la farine, du sel et de l'eau dont vous ferez des boulettes un peu plus grosses qu'une noix. Ecrasez-les en rondelles que vous cuirez au four. Au lieu d'être cuites au four, elles peuvent être grillées sur une flamme. Servez avec des nitukés. Les farines de sarrasin et de millet, étant très Yang, sont très bonnes pour les malades. Bons pour l'atonie intestinale.

95. *Puri.*

Le chapati roulé en boulettes et frit comme des pommes de terre gonfle beaucoup. Servez-le avec des nitukés. Aux Indes on mange tous les jours du chapati fait avec de la farine complète de blé.

JINENJOS

96. *Jinenjos* (pommes de terre sauvages).

Coupez cette pomme de terre en cubes de 3 cm. environ, salez et faites frire. Ensuite faites cuire avec de la sauce de soja dans une casserole.

97. *Jinenjos Hambourg.*

Râpez un jinenjo, hachez un oignon ou une échalote et mêlez le tout, salez et faites frire à la poêle avec beaucoup d'huile. Couvrez et laissez cuire.

98. *Boulettes de jinenjos.*

Préparez-les comme ci-dessus et mettez-les dans l'huile avec une cuillère.

99. *Jinenjo au gratin.*

Au lieu de les frire, mettez-les au four.

100. *Tororo-imo.*

Râpez un jinenjo, mettez-le dans un petit plat. Ajoutez-y des algues nori grillées et servez avec de la sauce de soja.

101. *Soupe au Tororo.*

Râpez un jinenjo et mêlez-le à du consommé ou à de la soupe au miso.

POIS CHICHES

102. *Pois chiches.*

Lavez des pois chiches et mettez-les dans de l'eau chaude où ils tremperont une nuit. Faites-les bouillir, assaisonnez et servez avec leur jus ou servez lorsque tout le liquide est évaporé.

103. *Beignets de pois chiches.*

Ajoutez de la farine aux pois chiches bouillis pour en faire une pâte, au besoin en ajoutant de l'eau. Versez ce mélange à la cuillère dans l'huile chaude.

104. *Boulettes de chana* (haricots indiens).

Faites une pâte avec de la farine de chana et assaisonnez de sel. Hachez un oignon que vous mélangerez à la pâte et versez ce mélange par cuillerées dans de l'huile. Vous pouvez employer aussi des pois chiches en purée.

105. *Pakodi.*

Faites une pâte liquide de farine de chana et salez-la. Vous pouvez y ajouter des oignons râpés ou en tranches. Versez cette pâte à la cuillère dans de la friture d'huile.

106. *Croquettes de pois chiches.*

Mélangez de la farine et des pois chiches bouillis, puis faites-en des boulettes que vous aplatirez. Panez-les et faites frire comme des pommes de terre.

HARICOTS

107. *Haricots de soja et miso.*

Faites griller des haricots de soja dans une casserole jusqu'à ce qu'ils crèvent. Ajoutez-y du miso dilué d'eau. Couvrez la casserole et laissez bouillir jusqu'à mi-cuisson ; retirez alors le couvercle et faites bouillir jusqu'à évaporation de tout le liquide.

108. *Haricots bouillis.*

Faites bouillir des haricots de soja jusqu'à ce qu'ils soient tendres. Salez-les et ajoutez-y de la sauce de soja.

Faites bouillir jusqu'à ce que tout le liquide soit évaporé. Préparez les haricots noirs de la même façon.

109. *Haricots Gomoku.*

Faites bouillir des haricots de soja jusqu'à ce qu'ils soient tendres. Coupez en cubes des radis japonais (daikon), des carottes, des racines de bardane, de lotus, etc. Faites-les revenir à l'huile. Ajoutez-les aux haricots et faites bouillir le tout. Salez et ajoutez de la sauce de soja.

110. *Potage Goziru.*

Faites tremper une nuit des haricots de soja et écrasez-les. Préparez un potage avec des oignons. des carottes, des radis blancs, etc. Versez les haricots écrasés dans le potage et faites bouillir. Salez et ajoutez de la sauce de soja.

111. *Haricots rouges* (azukis).

Faites-les bouillir jusqu'à ce qu'ils soient tendres. Salez et continuez la cuisson jusqu'à épaississement.

Si vous avez des galettes de farine de riz, faites-les bouillir avec les haricots.

112. *Azukis.*

Faites bouillir des haricots rouges comme précédemment, salez-les et écrasez-les.

113. H*aricots.*

Tous les haricots peuvent être bouillis ; ensuite salez-les et ajoutez-y un peu d'huile.

114. *Haricots verts.*

Faites sauter des haricots verts à l'huile, ajoutez-y de l'eau et laissez mijoter. Ajoutez du sel et de la sauce de soja. Faites cuire jusqu'à ce qu'il n'y ait plus de liquide et que les haricots soient ratatinés.

MAÏS

115. *Maïs*.

Hâchez un oignon et faites-le sauter dans très peu d'huile. Ajoutez-y les grains de 3 épis de maïs et trois fois leur volume d'eau. Salez-les et laissez-les mijoter en remuant de temps en temps pour éviter qu'ils n'attachent. Ajoutez une cuillerée à soupe d'arrow-root mêlé à un peu d'eau et, en dernier lieu un peu de sauce de soja. Servez avec des croûtons.

116. *Maïs grillé*.

Faites griller de jeunes épis de maïs ou mettez-les au four. Garnissez-les de sauce de soja, faites-les rotir un petit moment et servez.

117. *Maïs bouilli*.

Faites-le bouillir dans de l'eau salée à 4 % et servez avec de la sauce de soja.

118. *Beignets de maïs*.

Ecrasez des jeunes grains de maïs, faites-les tremper dans de la sauce tenpura et faites-les frire à l'huile.

119. *Dumplings de maïs*.

Pétrissez de la farine de mais avec de l'eau et faites de petits dumplings, c'est-à-dire faites-en des boulettes que vous faites bouillir avant de les faire griller un court instant.

120. *Crème de maïs*.

Ajoutez un peu de sel à de la farine de maïs et pétrissez-la avec de l'eau chaude. Versez la pâte dans un consommé ou de la soupe de miso. Remuez doucement jusqu'à cuisson.

121. *Croquettes.*

Délayez de la farine de maïs, ajoutez-y du sel et de la cannelle. Faites-en des croquettes que vous frirez.

122. *Crêpes.*

Brunissez de la farine de maïs dans un peu d'huile, ajoutez-y de l'eau pour en faire une pâte fine. Mettez un peu d'huile dans une poêle et versez-y une mince couche de pâte. Faites griller croquant des deux côtés. Servez avec des nitukés.

AZUKIS

123. *Vermicelle ogura.*

Faites bouillir des azukis (petits haricots rouges) jusqu'à ce qu'ils soient tendres puis salez-les. Mélangez-les à du vermicelle cuit et faites-les chauffer dans une casserole. Versez le tout dans un moule, laissez refroidir. Otez du moule et coupez en tranches. Peut être servi chaud par temps froid. Très bon pour les reins, la rate et le pancréas.

124. *Racines de lotus et azukis.*

Préparez des racines de lotus comme pour le nituké et ajoutez-y des petits haricots bouillis. Salez.

GOMA TOFU

125. *Gâteau au sésame* (Goma Tofu).

Faites griller des graines de sésame et broyez-les. Délayez 3 bonnes cuillerées à soupe de farine d'arrow-root dans de l'eau et faites bouillir jusqu'à ce que le mélange s'effile. Ajoutez le sésame et salez. Versez dans un moule et laissez refroidir. Ce gâteau peut être fait également avec du tahin (beurre de sésame). Servez avec de la sauce de soja, du miso, etc.

AEMONOS (SALADES)

126. Aemono.

Faites griller des graines de sésame et pilez-les pour en faire une pâte. Ajoutez de la sauce de soja et un peu d'eau pour en faire une crème. Faites bouillir dans de l'eau salée des échalotes, des oignons, des radis blancs, des carottes, du chou, des épinards, du chou-fleur, du potiron, etc. Mélangez le tout à la crème de sésame. Le miso peut remplacer la crème de sésame. Ne jetez pas l'eau des légumes, mais utilisez-la pour un potage.

127. Salade de fruits et légumes.

Hachez des choux et des carottes, ébouillantez-les et coupez un chou-fleur et une pomme en petits morceaux que vous ferez cuire à l'eau salée. Mêlez ces légumes à une sauce faite de 4 cuillerées d'huile mélangée à une cuillerée de sel et à un œuf. Servez sur un plat garni de feuilles de laitue. Ce mets vient après la viande.

VARIÉTÉS

128. Chou farci.

Ce plat provient de la région de France où l'on cultive le sarrasin. Séparez les feuilles d'un chou une à une et lavez-les soigneusement. Mettez du sarrasin dans deux fois son volume d'eau et salez. Battez deux œufs. Mettez de l'huile dans une cocotte en fonte et placez une feuille de chou au fond, sur laquelle vous superposerez une couche de sarrasin, une couche d'œuf puis une feuille de chou. Continuez de garnir ainsi votre cocotte en terminant par une feuille de chou. Mettez un couvercle et laissez au four pendant une heure ou une heure et demie. Renversez le tout sur un plat pour servir. Assaisonnez avec du miso, de la sauce de soja, etc.

129. *Crêpes au sarrasin.*

Délayez de la farine de sarrasin dans 3 fois son volume d'eau, ajoutez un œuf et brassez bien. Versez dans une poêle huilée et faites griller des deux côtés. Avant de les plier, garnissez-les de nitukés ou de miso. Elles peuvent être servies sans légumes ou encore garnies de châtaignes, de pommes, de semoule de maïs, etc.

LÉGUMES SAUVAGES

Nous disposons de quelques milliers de comestibles sauvages sous formes de feuilles, racines, boutons, fleurs, graines, etc., et qui sont tous produits par la Nature sans intention commerciale et sont purs de fertilisants chimiques et d'insecticides. Il n'y a guère de poisons dans la nature et quand il y en a, ils peuvent toujours être neutralisés par nos préparations macrobiotiques. Voici quelques-unes de ces plantes que vous pouvez employer pour vous guérir : épinard sauvage, pissenlit, bardane, ansérine, bourse à pasteur. Toutes sont excellentes et très efficaces.

130. *Sio Konbu* (Konbu au sel).

Lavez une grosse algue Konbu (laminaria japonica) dans de l'eau, que vous conserverez pour la cuisson, car elle contient de nombreux sels minéraux, coupez-la en morceaux de 3 cm. Ajoutez-y 3 fois son volume d'eau et faites cuire. Salez et continuez la cuisson jusqu'à ce que l'eau se soit évaporée. Ce plat est excellent contre l'arthrite, l'excès ou l'insuffisance de tension, les goitres, les tumeurs, les maladies des artères, veines, capillaires, l'athérosclérose, la décalcification, les hernies, hydrocèles, hémorroïdes, etc.

131. *Konbu Maki.* (Konbu enroulé).

Prenez une algue konbu plutôt petite et coupez-la en morceaux de 12 cm. de long. Coupez des carottes, des racines de bardane et de lotus de la même longueur, attachez le tout avec du Kampyo (tige d'une espèce de potiron) et faites cuire dans l'eau qui a servi à laver la konbu. La cuisson prend un certain temps. Salez et servez à la sauce de soja.

132. *Konbu frit.*

Coupez une konbu en carrés de 9 cm. que vous ferez frire à l'huile et que vous salerez. Ce plat fait un excellent dessert.

133. *Konbu noué.*

Découpez un konbu en tranches longues comme votre petit doigt. Faites un nœud avec chacune et faites griller.

134. *Potage au Konbu.*

Prenez un konbu de 2 cm. sur 30 cm. que vous mettrez dans un litre d'eau pour 5 personnes et salerez. Vous pouvez y ajouter n'importe quel légume et de la sauce de soja.

135. *Matuba konbu.* (Konbu en lamelle).

Coupez un konbu en morceaux de 12 cm. sur 2 cm. que vous fendrez et ferez frire.

136. *Tête de saumon et paupiettes de konbu.*

Coupez la tête d'un saumon salé et enveloppez-la dans une algue konbu. Cuisez bien sans saler. Ajoutez un peu de sauce de soja. Ceci est bon contre la polio, la paralysie et toutes des maladies décalcifiantes.

137. *Hiziki séchée.*

Trempez 30 grammes d'algue hiziki (cystophyllum fusiforme) dans de l'eau pendant cinq minutes, coupez-la en petits morceaux. Coupez 60 grammes de racines de lotus et faites frire dans deux cuillerées d'huile. Ajoutez-y l'hiziki et son eau, puis une cuillerée de sel et faites cuire jusqu'à évaporation. Ajoutez de la sauce de soja et faites encore cuire un peu.

138. *Nituké d'hiziki.*

Trempez l'hiziki dans l'eau. Coupez-la en petits morceaux. Faites-la bien griller dans deux cuillerées d'huile et ajoutez l'eau de trempage, puis de la sauce de soja. Laissez cuire 20 à 30 minutes.

139. *Hiziki et tofu frit fin.*

Préparez l'hiziki comme précédemment, ajoutez-y du agé (tofu frit fin) coupé en petits morceaux. Faites cuire avec un peu d'eau et de sauce de soja.

140. *Hiziki et haricots de soja.*

Préparez suivant la recette n° 137 puis ajoutez des haricots de soja bien cuits et un peu de sauce de soja.

141. *Gomoku hiziki.*

Coupez des carottes en petits morceaux, des racines de lotus et de bardane que vous aurez coupées comme au n° 137 et faites frire dans un peu d'huile avec des hizikis trempées dans l'eau quelques heures auparavant. Ajoutez l'eau de trempage et laissez cuire le tout 20-30 minutes, et ajouter au dernier moment un peu de sel et de tamarin. Laisser cuire encore ¼ heure.

142. *Riz à l'hiziki.*

Ajoutez à du riz cuit de l'hiziki préparée comme précédemment.

142 bis. *Algues « Isigué ».*

Ce sont les algues les plus Yang. Les laver dans l'eau de mer puis les sécher au soleil. Les cuire plusieurs heures dans de l'eau de mer ou de l'eau salée à 30 %. En fin de cuisson ajouter de la sauce japonaise traditionnelle (Tamari).

143. *Feuilles de pissenlit.*

Lavez-les bien et coupez-les en petits morceaux que vous accommoderez en nitukés. Salez et ajoutez de la sauce de soja. Préparation antiscorbutique.

144. *Racines de pissenlit.*

Lavez-les sans les épluchez et coupez-les en rondelles. Faites-les griller dans une cuillerée à soupe d'huile. Salez et ajoutez de la sauce de soja. C'est un aliment excellent pour arthritiques, rhumatisants, cardiaques et personnes atteintes de polio.

144 bis. *Racines de chardon.*

Même préparation. Excellent pour les maladies du système nerveux, paralysies, polio, sclérose en plaques, etc.

145. *Epinards sauvages* (Aoza).

Faites-les en nitukés avec de la sauce de soja.

146. *Fuki* (pas d'âne ou pétasite).

Prenez une tige de fuki et faites-la cuire longtemps avec un peu d'eau et de la sauce de soja. Vous pouvez du reste faire également cuire les feuilles, coupez-les en petits morceaux et faites-en des nitukés. Ce plat se conserve très longtemps comme tous les nitukés.

PRÉPARATIONS AU MISO ET AU SOJA

Le miso et la sauce de soja doivent être préparés, suivant la tradition.

Miso. – Le miso est un pâté végétal salé à base de céréales complètes. Sa préparation tout à fait spéciale est très délicate et longue. Le miso est très riche en protéines végétales, c'est pourquoi il est particulièrement recommandé aux végétariens.

147. *Sauce miso.*

Mélangez une bonne cuillerée à soupe de miso et trois de beurre de sésame (tahin), ajoutez-y une tasse d'eau et faites cuire. Après cuisson, mettez-y de l'écorce d'orange hachée. Servez-vous de cette sauce pour assaisonner le riz, le sarrasin, le Kacha, le vermicelle, les légumes, etc.

148. *Crème de miso.*

Mettez moins d'eau dans le mélange que précédemment ou même pas du tout. Cette crème peut être utilisée comme ci-dessus ou remplacer le beurre, et le fromage.

149. *Miso.*

Mélangez une cuillerée à soupe de miso à 4 cuillerées de beurre de sésame. Ajoutez-y un peu d'écorce d'orange hachée et servez-vous pour assaisonner le riz ou en tartiner le pain, etc.

150. *Potage au miso.*

Prenez une tasse d'oignons hachés et une à trois de carottes, une feuille de chou hachée et une cuillerée à soupe d'huile d'olive ou de sésame. Faites-y revenir l'oignon dans l'huile, puis le chou. Ajoutez-y ensuite les carottes et cuisez-bien. Versez dans ce mélange quatre tasses d'eau et un peu de miso. Ajoutez enfin un petit oignon cru haché et du nori grillé.

151. *Carottes et oignons au miso.*

Prenez une demi livre d'oignons, une de carottes, deux cuillerées à soupe de miso, une demi cuillerée à café de sel, une cuillerée à soupe d'huile. Hachez 2 ou 3 oignons, faites-les frire à l'huile et ajoutez le reste des oignons sans les couper. Ajoutez les carottes coupées en petits morceaux. Faites cuire à l'eau et ajoutez le miso.

152. *Légumes au miso.*

Prenez une carotte, un oignon, quatre feuilles de chou, deux cuillerées d'huile, une de miso. Coupez les oignons en quatre, faites-les cuire à l'huile, ajoutez le chou, les carottes coupées en tranches, puis deux tasses d'eau. Après cuisson, ajouter du miso dilué et un peu de sel.

153. *Oden au miso.*

Prenez des oignons, des radis blancs, des satoïmos (colocases), sans les couper, et des gros morceaux de carottes. Placez le tout sur une feuille de Konbu (laminaria japonica) dans une casserole. Ajoutez de l'eau et faites cuire avec un peu de sel. Ajoutez des échalotes sur une broche de bambou (5 par broche) et du miso. Plus la cuisson sera lente, mieux cela vaudra.

154. *Dango de sarrasin au miso* (boulettes de sarrasin).

Faites des boulettes de sarrasin et cuisez-les à l'eau. Enfilez-les par 5 sur des broches de bambou. Couvrez-les d'un peu de crème de miso ou autre et faites chauffer.

155. (Ratatouille au miso).

Faites cuire à l'eau des carottes, des oignons, du cresson, du chou-fleur, des radis, des endives, du céleri, etc., et servez avec de la crème de miso.

156. *Tekka n° 1.*

Prenez 30 grammes de racines de lotus, 30 à 40 de racines de bardane, 30 de carottes, 5 de gingembre, 90 grammes d'huile de sésame, 150 grammes de miso. Hachez les légumes et faites frire les racines de bardane et de lotus dans 30 grammes d'huile, ajoutez les carottes et faites cuire. Vous ajouterez ensuite le gingembre, le miso et 60 grammes d'huile. Cuisez jusqu'à dessication. Cette préparation est bonne pour toutes les maladies Yin.

157. *Tekka n° 2.*

Prenez 60 grammes de racines de lotus, 15 de bardane, 15 de carottes, 5 de racines de pissenlit. Hachez le tout et pratiquez comme au numéro précédent. Ce plat est très bon contre la toux, l'asthme, la tuberculose, etc.

Sauce de soja (Syoyu)

La sauce syoyu macrobiotique, ou tamari, entièrement naturelle, n'est livrée à la consommation qu'après une maturation de 3 ans, contrairement au syoyu du commerce qui est préparée chimiquement en 24 heures.

158. *Riz Sakura.*

Faites cuire du riz à l'eau avec 5 % de sauce de soja, c'est excellent.

159. *Sauce de soja.*

Hachez un oignon, faites-le griller, dans un peu d'huile, ajoutez une tasse d'eau et 3 cuillerées à soupe de beurre de sésame (tahin). Mélangez bien, salez un peu puis cuisez, en ajoutant une cuillerée à soupe de sauce de soja (tamari).

160. *Sauce au sésame.*

Faites griller 40 grammes de graines de sésame et écrasez-les avec une sauce pour les légumes, le riz, le pain, etc.

161. *Bouillon à la sauce de soja.*

Hachez un demi oignon et faites-le frire dans une cuillerée à café d'huile. Ajoutez deux tasses d'eau. Après cuisson, ajoutez de la sauce de soja.

162. *Oshitashi.*

Faites cuire à l'eau du cresson, des épinards, de la laitue, du chou, ou tout autre légume, et servez avec de la sauce de soja.

163. *Crème de gruau.*

Faites cuire 4 cuillerées de gruau d'avoine avec une cuillerée d'huile. Ajoutez de la sauce de soja et du sel, ainsi que de l'eau à volonté.

164. *Potage au gruau d'avoine.*

Au plat ci-dessus ajoutez du persil haché, du cresson, ou tout autre légume vert. Vous pouvez faire le même potage avec de la farine de riz, de blé, de kokkoh et du sarrasin.

165. *Sauce Béchamel d la sauce de soja.*

Délayez une cuillerée à soupe de farine dans une d'huile, ajoutez de l'eau et faites cuire. Ajoutez ensuite la sauce de soja.

166. *Mayonnaise à la sauce de soja.*

Versez petit à petit de l'huile dans un œuf battu que vous aurez salé. Ajoutez de l'eau chaude, du persil haché, et la sauce de soja. Servez avec n'importe quel légume ou poisson.

167. *Sauce lyonnaise.*

Faites frire un oignon dans un peu d'huile, ajoutez du vin blanc puis deux à trois cuillerées de sauce Béchamel. Cette sauce est très bonne pour le poisson grillé.

BOISSONS

168. *Décoction de riz.*

Faites griller du riz jusqu'à ce qu'il soit brun. Mettez-le dans dix fois son volume d'eau et faites bouillir. Salez légèrement et servez. Ce riz peut être utilisé comme nourriture de base. Les décoctions de riz grillé et de thé vert grillé (Bancha) peuvent être mélangées et utilisées comme boisson.

169. *Décoction de blé.*

Faites roussir du blé à petit feu et faites-en bouillir une cuillerée à soupe dans 150 grammes d'eau. Servez froid en été.

170. *Café de pissenlit.*

Lavez et faites sécher des racines de pissenlit que vous couperez en petits morceaux et ferez roussir à l'huile dans une poêle. Passez-les ensuite dans un moulin à café. Faites bouillir 10 minutes cette poudre à raison d'une cuillerée à café pour une tasse d'eau. Passez et servez. Les personnes qui préfèrent une saveur amère peuvent y ajouter de la chicorée. Ce café est très bon en cas de maladie cardiaque ou du système nerveux.

171. *Café Ohsawa (Yannoh).*

Prenez trois cuillerées de riz, deux de blé, deux de petits haricots rouges (azukis), une de pois chiches et une de chicorée. Faites bien roussir le tout séparément. Mélangez ensuite et faites griller dans un peu d'huile. Après refroidissement, moulez fin. Vous utiliserez cette poudre, appelée Yannoh, à raison d'une cuillerée à soupe pour un demi-litre d'eau. Vous servez après 10 minutes d'ébullition. Spécialement indiqué pour les étudiants et les travailleurs intellectuels. Recommandé pour la constipation et les maux de tête chroniques.

172. *Kokkoh.*

Ce produit est un mélange de farines de riz grillé, de blé naturel, du gruau d'avoine, de soja et de graines de sésame. Il est plus facile de l'acheter tout fait. Faites-en bouillir 10 minutes une cuillerée à soupe pour un quart de litre d'eau, en diluant à volonté. C'est un succédané du lait maternel. Il est recommandé aux malades qui manquent d'appétit.

173. *Décoction de pas d'âne* (Tussilage).

Faites bouillir 30 grammes de feuilles de pas d'âne dans 150 grammes d'eau. Salez et buvez-en avant de déjeûner le matin. C'est un excellent vermifuge. Les feuilles de pas d'âne séchées se conservent des années.

174. *Menthe.*

Traitez des feuilles de menthe comme plus haut celles de pas d'âne. Excellente boisson rafraîchissante en été. Ne pas abuser car Yin.

175. *Tilleul.*

Faites-en bouillir les feuilles. Peut être utilisé en cas d'insomnie Yang.

176. *Thé Mû ou Miou.*

Faites bouillir un paquet de ce thé dans un litre d'eau pendant 10 à 20 minutes. Cette boisson peut être consommée tous les jours par des malades Yin. Dans ce cas, il faut réduire le liquide d'un bon tiers et en prendre pendant deux jours. Il peut être réchauffé. C'est la boisson la plus Yang : elle contient le fameux « Gin-Seng » et 15 plantes médicinales.

177.*Thé Bancha*
Thé grillé (les feuilles doivent être restées trois ans sur leurs tiges). Faire bouillir environ10 minutes.

177 bis. *Bancha-Ginseng.*

Au thé Bancha, ajouter quelques petits morceaux de racine de Ginseng. On peut y adjoindre un tout petit peu de gingembre. Faire bouillir 10-15 minutes. Pour cette préparation, ne jamais employer de récipients en fer ou en aluminium. Cette boisson est un excellent tonique général. A ne pas utiliser trop longtemps et trop fréquemment.

178. *Syo-Ban* (Thé Bancha avec de la sauce de soja).

Mettez de la sauce de soja au fond d'une tasse (à 1/10 de la hauteur) et ajoutez du thé préparé comme ci-dessus. Cette boisson est excellente contre la fatigue ; après des blessures ou contre les maux de cœur. Elle est bonne pour purifier le sang, la neurasthénie, gonorhée, syphilis, néphrite, les rhumatismes, les maux d'estomac (brûlures, ulcères, indigestions).

179. *Thé Yang-Yang.*

Ce thé ne doit être consommé que par les personnes très Yin.

180. *Thé Dragon.*

Ce thé est recommandé pour les personnes très Yin souffrant de nausées matinales, de vomissements, de leucorrhée, etc. Spécifique pour les malaises des femmes.

181. *Thé Haru.*

Excellent au goût et très bon pour les rhumes de cerveau.

182. *Thé Kohren.*

Cette boisson, décoction faite avec des racines de lotus, est très bonne entre autres contre la toux, la coqueluche, l'asthme, la tuberculose. Il convient de l'utiliser à raison d'une cuillerée à thé pour une tasse d'eau chaude et d'en prendre trois fois par jour, à l'exclusion de tout autre liquide.

183. *Kuzu.*

Voici une excellente boisson pour tous, très bonne aussi contre la diarrhée et les rhumes de cerveau. Délayez une cuillerée à café de kuzu dans un peu d'eau que vous verserez dans un quart de litre d'eau et ferez bouillir jusqu'à transparence. Ajoutez ensuite un peu de sauce de soja. Très bon pour les maladies intestinales, en particulier la tuberculose intestinale.

184. *Renkon* (Thé de lotus).

Ecrasez une racine de lotus crue de 6 cm. de long pour en extraire le jus, ajoutez-y 10 % de gingembre, un peu de sel et faites bouillir comme au n° 182. Recommandé contre la toux, l'asthme et les personnes Yin.

184 bis. *Thé Kakon.*

Bon pour la grippe, l'influenza, toutes les maladies pulmonaires.

185. *Soupe ou jus d'azukis* (petits haricots rouges).

Faites bouillir des azukis à raison d'une cuillerée à soupe dans deux litres d'eau et réduisez l'eau de moitié. Cette décoction est très bonne pour les reins. Vous pouvez y mettre une pincée de sel, lorsque les pois sont complètement ramollis et qu'ils écument. Ordinairement la cuisson prend 4 heures, mais seulement 1/2 heure avec quelques cm. de Kobu (algue). A utiliser en cas de néphrite, de diabète.

186. *Boisson de radis n° 1.*

Prenez la valeur de deux cuillerées à soupe de radis râpés noirs (daikon) que vous mettrez dans 3/4 de litre d'eau. Ajoutez-y deux cuillerées de sauce de soja et une cuillerée à café de gingembre râpé. Prenez cette boisson au lit si vous avez un rhume, elle vous fera transpirer et votre fièvre tombera. On peut remplacer le radis noir par du navet.

187. *Boisson de radis n° 2.*

Râpez du radis noir et extrayez-en le jus. Mettez-le dans le double de son volume d'eau avec un peu de sel. Faites bouillir quelques instants et prenez-en une fois par jour. On peut remplacer le radis noir par du navet.

N'en prenez pas plus de trois jours de suite. Ceci est recommandé contre l'enflure des jambes.

188. *Ran-zyo.*

Battez un œuf, ajoutez-y la moitié de son volume de sauce de soja (tamari) et avalez ce mélange sans le goûter. N'en prenez pas plus d'une fois par jour pendant trois jours et avant de vous coucher. Ce remède est très bon contre les maladies de cœur. L'œuf doit avoir été fécondé. (Une extrémité doit être arrondie et l'autre pointue).

189. *Thé Soba.*

C'est l'eau dans laquelle a cuit du sarrasin avec un peu de sauce de soja et du sel.

190. *Jus d'umebosi* (petites prunes salées).

Faites bouillir une umebosi dans un litre d'eau et passez. Ajoutez-y un autre litre d'eau pour en faire une boisson rafraîchissante que vous pouvez boire froide.

190 bis. *Umé-syo-ban.*

Faire griller du thé de 3 ans. Ajouter de l'eau et une prune umebosi. Faire bouillir 10-15 minutes. Avant de boire ajouter un peu de sauce syoyu traditionnelle (tamari). Excellent dépuratif.

191. *Umé-Syo-Kuzu.*

Prenez une umebosi, une cuillerée à soupe de Kuzu, trois cuillerées de sauce de soja, une pincée de poudre de gingembre et trois quarts de litre d'eau.

Ecrasez l'umebosi dans un quart de litre d'eau et délayez-y le Kuzu. Ajoutez le gingembre et le reste de l'eau et faites bouillir jusqu'à épaississement. Ajouter la sauce de soja au dernier moment. Très bon contre les rhumes.

192 a. *Crème spéciale de riz.*

Faites griller du riz et faites-le bouillir pendant une à deux heures dans quatre fois son volume d'eau. Passez dans un linge. C'est un excellent tonique à prendre le matin en cas de maladie et l'après-midi en cas de fatigue. Bonne base de la réalimentation après un jeûne.

192 b. *Chrysantème.*

1. — Décoction : 10 grs de feuilles fraîches avec une tasse d'eau. Réduire la décoction aux 2/3 en laissant bouillir ¼ d'heure.

Très bon pour les enfants ayant des vers intestinaux. 1 fois par mois.

2. — Friture : faire frire dans de l'huile de sésame 10 à 20 grs de feuilles avec de la farine, en matière de plat de légume.

Bon pour tous les vers, surtout les vers ronds et en cas d'aneurinase.

192 c. *Armoise* (Yomogi).

Même préparation que pour le chysanthème. Boisson journalière.

· Bon contre tous les vers (1 fois par mois, le matin à jeûn), pour le cœur et l'estomac et en cas de troubles menstruels.

192 d. *Miso frit.*

Faire frire 100 grs de miso dans 30 grs d'huile de sésame. Prendre à dose de 1 à 2 cuillers à café pleines par jour.

Très bon pour la tuberculose, les maladies de cœur, le diabète, les rhumatismes, la polio, l'asthme, etc.

Chapitre ix

PLATS SPÉCIAUX

Viandes

Toute nourriture provenant d'un animal est peu recommandée par le Bouddhisme, surtout par le Zen qui en représente un type évolué. Sans macrobiotique, pas de Bouddhisme, mais comme vous n'êtes pas habitué à la macrobiotique pure et que vous n'êtes sans doute pas trop pressé d'entrer dans le Royaume des Cieux, vous pouvez manger de la viande de temps en temps mais de moins en moins jusqu'à ce que vous en soyez complètement libéré. Les plats spéciaux que je vous recommande sont dosés de façon à établir un bon équilibre en neutralisant les excès de Yang et de Yin, ce dernier étant le plus dangereux. De plus, ces aliments ne sont pas contaminés par le DDT ou autres insecticides.

La macrobiotique n'est pas un végétarisme sentimental et, si elle évite tous les produits hémoglobiniques, c'est pour des raisons d'hygiène et pour développer au maximum vos facultés cérébrales. La viande est idéale pour les animaux : leurs glandes sécrètent des hormones bonnes pour eux, qui ne sont pas habitués à penser et

qui agissent par instinct. Leur centre sensitif, et par suite
leur jugement, n'est pas développé comme le nôtre, aussi
sont-ils exploités par l'homme ou tués pour être mangés.
Et c'est pourquoi ceux qui mangent des produits animaux sont exploités et même tués par les autres, et
quelquefois par eux-mêmes. A part les fourmis, je ne
crois pas qu'il existe des animaux qui mobilisent leurs
frères et leurs enfants pour détruire une autre nation
d'animaux comme le fait l'homme qui est insensé à ce
point de vue et dont le jugement à cet égard est inférieur
à celui des animaux. Tous ceux qui consomment des
produits contenant de l'hémoglobine dépendent des animaux, qui ont des facultés de jugement inférieures et
plus simples que les nôtres, appelées réflexes conditionnés. Pavlov a eu le tort de considérer l'homme comme
une machine à réflexes conditionnés, car il a au moins
six capacité différentes de jugement : sensoriel, sentimental, intellectuel, social, idéologique et suprême. C'est
par sa cinquième capacité de jugement que l'homme se
suicide après avoir tué la femme qui l'a trahi et c'est par
sa sixième que l'homme pardonne au pire criminel. Car
les menteurs, les assassins et les lâches ne doivent être ni
punis, ni blâmés, il faut leur montrer qu'ils sont malheureux à cause surtout de leur mauvaise alimentation
ou de celle de leurs parents et reprendre leur éducation.
L'éducation professionnelle mécanique transforme les
hommes en phonographes plutôt qu'en « roseaux pen-
sants ». En Orient, à l'école primaire, on enseigne aux
enfants à penser, juger et agir par eux-mêmes, mais cet
enseignement reste inutile si les enfants n'ont pas le
cerveau convenablement développé et s'ils restent comme
des animaux.

Certains cherchent l'argent, le pouvoir, les honneurs, à tout prix et toute leur vie. Ils sont insatiables comme des crocodiles, ils en ont la tête petite et les fortes mâchoires, c'est-à-dire que leur cerveau est moins développé que leur bouche et leurs mandibules. Ce sont des hommes d'action et non de pensée. Dans les régions où de nombreuses personnes ont ces caractéristiques, où l'on consomme beaucoup de viande et où le climat est chaud (Yang), la loi de Lynch est appliquée. Cette loi sera oubliée lorsque les gens mangeront moins de viande et, en attendant, l'éducation scolaire n'y changera rien. Si Gandhi n'avait pas renoncé à toute nourriture animale pendant son séjour en Angleterre, il serait devenu un révolutionnaire cruel.

Je pense que vous avez compris que ce n'est pas seulement la forme de la tête qui détermine la conduite, mais aussi la composition de vos aliments. C'est pourquoi vous pouvez contrôler votre conduite par votre alimentation. On peut être son propre maître, ou un esclave au jugement animal. Une personne physiquement très Yin peut tuer son conjoint si elle consomme trop de nourriture Yin. Elle peut être plus cruelle qu'un assassin Yang.

Il n'y a pas de raison de craindre les produits animaux car tout dépend des quantités absorbées, mais celles-ci transforment la qualité. C'est la quantité qui prime, ce qui est agréable le devient moins si la mesure est dépassée ; le désirable devient répugnant par l'excès. C'est ici que l'on peut voir la supériorité de la dialectique sur la logique formelle. Les Orientaux comprennent fort bien qu'un même résultat peut être obtenu par deux facteurs opposés et que des résultats contraires peuvent être produits par des quantités différentes du même facteur.

Si vous connaissez les principes de la cuisine macrobiotique et sa dialectique, vous pouvez Yiniser, ou neutraliser l'excès de Yang dans votre nourriture et éviter, ainsi la domination d'un mode de jugement inférieur (cruel, violent, criminel ou serf) sur le supérieur.

POISSONS

193. *Koi-Kokou* (carpe aux bardanes).

Prenez une carpe, trois fois autant de racines de bardane, trois cuillerées à soupe de miso et une d'huile. Enlevez soigneusement les parties amères de la carpe, mais pas une seule écaille et coupez-la en tranches de deux centimètres d'épaisseur. Faites sauter à l'huile les racines de bardane déchiquetées. Placez la carpe par dessus et couvrez-la de feuilles de thé usagées cousues dans une étoffe, avec assez d'eau pour couvrir le tout. Laissez mijoter trois heures et, si l'eau s'évapore, rajoutez-en ; quand les écailles sont amolies, enlevez les feuilles de thé et arrosez le poisson avec du miso dilué. Faites encore mijoter quelque temps, jusqu'à cuisson complète. Ce plat est bon pour toutes les fièvres et inflammations, pour les mères qui n'ont pas assez de lait et qui doivent consommer tout ce plat dans les cinq jours. Il est également recommandé contre les otites, les cancers, les pneumonies, les arthrites, rhumatismes, la tuberculose.

194. *Dorade rouge* (Tai).

Ecaillez et lavez une dorade que vous saupoudrez de sel. Roulez-la dans la farine et faites-la frire dans une cocotte d'huile à feu moyen. Lorsque le poisson est bien grillé, mettez-le sur un plat, versez-y de la sauce et servez.

195. *Sauce.*

Hâchez un oignon, un chou chinois, du chou-fleur, des carottes et mêlez le tout que vous salerez. Ajoutez un peu d'eau et faites mijoter jusqu'à demi-cuisson. Epaississez légèrement avec un peu d'arrow-root ou de Kuzu délayé dans de l'eau. Cette sauce peut être utilisée pour le sarrasin frit, les nouilles, le vermicelle grillé, etc.

196. *Pampano* (ou Cavalla).

Nettoyez un poisson, saupoudrez-le de sel, roulez-le dans la farine et cuisez-le de la même façon que celui du n° 194. La crème de miso s'accorde bien avec ce poisson.

197. Petits Poissons.

Nettoyez bien des petits poissons d'environ 6 cm. de long, tels que des éperlans, des truites, etc. Saupoudrez-les de sel et roulez-les dans de la farine. Faites-les frire à l'huile et servez-les avec de la sauce de soja. Ce plat est recommandé contre toutes les maladies Yin.

198. *Huîtres frites.*

Enlevez tout le liquide des huîtres et saupoudrez-les de sel ; roulez-les dans la farine, puis dans un œuf battu avec des miettes de pain. Faites-les frire à l'huile d'ans une cocotte.

199. *Dorade rouge frite.*

Coupez une dorade en larges tranches et salez-la. Roulez-la dans la farine, puis dans un œuf battu et enfin dans des miettes de pain. Faites-la frire à l'huile. Servez-la avec du cresson sauté, du chou, des tranches de carottes, etc. Les maquereaux, sardines et autres poissons sont préparés de même. Servez-les avec du gingembre râpé.

200. *Coquille St-Jacques.*

Enlevez la chair de la coquille et lavez-la. Coupez-la en petits morceaux et faites-la sauter avec des carottes, de l'oignon, etc. Remettez-la dans sa coquille dans laquelle vous verserez de la sauce Béchamel. Faites cuire au four. Les légumes peuvent être mangés, sans la chair, par les malades.

201. *Beignets de crevettes* (Tenpura).

Epluchez des crevettes et salez-les. Trempez-les dans une pâte liquide et faites-les frire. Servez avec une sauce. Pour la pâte, délayez une partie de farine dans deux parties d'eau sans trop brasser. Les mélanges trop poussés donnent de mauvais résultats. Si vous avez de la farine de riz, ajoutez-en un cinquième. Mettez dans ce liquide un œuf battu. Pour la sauce, préparez un consommé de Konbu et de bonito [1] séché. Salez et ajoutez de la sauce de soja. Enlevez bien toute l'huile des crevettes en plaçant une feuille de papier sur le plat dans lequel vous les déposerez élégamment. Garnissez avec du radis blanc et du persil. Servez la sauce dans des bols individuels.

202. *Beignets de dorade rouge.*

Faites des filets de dorade et mettez-les dans une pâte comme ci-dessus.

203. *Beignets de calamar.*

Enlevez la peau d'un calamar et découpez-le en morceaux de 3 à 6 cm. Faites-les frire après les avoir trempés

1. Poisson végétalisé.

dans la pâte ci-dessus. Ces beignets devraient être accompagnés de beignets de haricots verts, de cresson, de persil, de céleri, de carottes, etc.

204. *Mélanges frits.*

Prenez des échalotes, des tranches de calamar, de poulpe, des oignons, des carottes en petits, morceaux, etc. Trempez-les dans de la pâte liquide et jetez-les par cuillerées dans l'huile.

205. *Beignets d'œufs* (Tenpura).

Faites chauffer une bassine d'huile et jetez-y un œuf que vous ferez frire à moitié.

206. *Dorade crue n° 1* (Sasimi).

Coupez une dorade en petits morceaux et arrangez-les sur un plat avec des radis et des carottes hachés, servez dans de petits bols avec de la sauce au radis ou navet râpé et Tamari.

207. *Thon cru* (Sasimi).

Enlevez la peau et les parties saignantes d'un thon et coupez-le en fines tranches. Servez de la même façon que la dorade crue.

208. *Dorade crue n° 2* (Arai).

Faites des filets de dorade que vous saupoudrerez de sel et ferez égoutter dans un panier ou dans une passoire. Au bout de 20 minutes, faites couler de l'eau froide lentement sur les filets. Quand ils seront devenus fermes, placez-les sur un lit de radis hachés, de carottes, etc. Servez avec de la sauce de soja et du gingembre râpé.

209. *Carpe crue* (Arai).

Préparez la carpe de la même façon que la dorade n° 2.

210. *Soupe de loche.*

Préparez un potage au miso et ajoutez-y des échalotes. Lavez des loches et mettez-les dans la soupe bouillante.

211. *Yanagawa.*

Fendez des loches en deux, mais en laissant les deux morceaux réunis. Faites revenir à l'huile des racines de bardane déchiquetées et mettez-les dans une poêle, par dessus placez les loches les côtés ouverts au-dessus, sur lesquelles vous verserez un œuf battu. Ajoutez de la sauce de soja bien salée et faites bouillir. Ayez soin, lorsque vous servirez, que le poisson ne se désagrège pas.

212. *Dorade salée, grillée ou cuite au four.*

Ecaillez et nettoyez une dorade que vous saupoudrez de sel. Faites-la cuire au four ou sur le gaz. Ce poisson peut se rôtir magnifiquement à la broche. Dans ce cas, il convient d'envelopper les nageoires et la queue dans du papier mouillé. Si vous le mettez autour, frottez-le d'huile. Coupez-le en gros morceaux.

213. *Pampano grillé et salé.*

Ecaillez et nettoyez un poisson que vous saupoudrerez de sel et faites-le griller sur le gaz. Servez-le avec de la sauce de soja. Vous pouvez accommoder de la même façon les maquereaux, brochets, sardines, mulets, etc.

214. *Thon.*

Coupez du thon en gros morceaux ; faites-les cuire au four. Plongez-les dans un mélange égal d'eau et de sauce de soja et remettez-les au four. Placez-les ensuite sur un plat où vous verserez le reste de la sauce, épaissie avec du Kouzou.

215. *Ragoût de dorade.*

Faites revenir à l'huile des gros morceaux de carottes, d'oignons, de choux, de chou-fleur, ajoutez-y de l'eau et faites bouillir. Découpez une dorade en petits morceaux et faites-les frire croustillants dans une bassine d'huile. Ajoutez-les aux légumes et faites bouillir. Faites une pâte légére de farine roussie au feu dans un peu d'huile et versez-la dans la casserole de poisson et de légumes. Le chou-fleur, qui se morcelle lorsqu'il a bouilli trop longtemps, peut être cuit à part et ajouté au dernier moment.

216. *Nituké de dorade.*

Nettoyez une dorade et coupez-la en tranches, y compris la tête, et faites-la bouillir dans un mélange à parties égales, d'eau et de sauce de soja.

217. *Consommé de dorade.*

Préparez un consommé avec de l'arrow-root et du bonito séché. Lorsque l'eau bout, ajoutez trois cuillerées à soupe dc flocons de bonito. Faites bien bouillir et passez. Coupez le poisson en petits morceaux et faites-le bouillir rapidement. Faites bouillir un instant des tranches d'échalotes. Faites bouillir des craquelins (n° 233). Passez les liquides de ces bouillons et ajoutez-les au consommé. Placez chacun des ingrédients dans des bols à soupe et versez-y le consommé que vous aurez salé. Mettez un morceau de pelure d'orange dans chaque bol que vous couvrirez. Préparez de la même façon du consommé de poulets, de canards, de crevettes, de blanchaille.

218. *Soupe aux moules.*

Coupez un oignon et faites-le revenir à l'huile. Ajoutez des moules nettoyées et un peu de vin blanc avec de

l'eau ; faites bouillir lentement. Salez lorsque les coquilles s'ouvrent.

219. *Palourde au miso.*

Enlevez les coquilles de grosses palourdes ; si elles
sont difficiles à ouvrir, mettez-les dans de l'eau chaude ;
lavez-les. Faites sauter à l'huile un oignon bâché ; diluez
du miso que vous ajouterez à l'oignon en mélangeant
bien. Mettez un peu de cette sauce dans les coquilles
avec une palourde. Recouvrez et faites-les griller une
minute.

220. *Nituké de calamar.*

Sortez un calamar de sa coque et coupez-le en petits
morceaux. Faites-le sauter à l'huile avec des navets, des
carottes, et préparez un nituké. Salez et ajoutez de la
sauce de soja (Tamari).

221. *Sushi.*

Coupez un thon en tranches minces. Faites une omelette d'un centimètre d'épaisseur et coupez cette omelette
en tranches de la même dimension que le poisson. Sortez
des palourdes de leur coquille et faites-les bouillir dans
de la sauce de soja. Faites ensuite cuire du riz. Ajoutez-y
du jus d'orange et laissez refroidir. Prenez une cuillerée
de riz dans la paume de la main gauche et couvrez-la de
l'index et du médium de la main droite. Moulez ce riz en
rouleaux. Mettez les ingrédients ci-dessus sur ces rouleaux, un par rouleau et enfoncez-les avec les doigts.
Servez ensuite avec de la sauce de soja dans laquelle
vous aurez mis du gingembre râpé.

222. *Hako Sushi.*

Préparez du riz et un poisson comme ci-dessus.
Coupez en fines tranches une racine de lotus et faites-les

frire à l'huile avec des morceaux de carottes. Humectez d'eau un moule rectangulaire dans lequel vous déposerez élégamment le poisson, les œufs frits et les légumes. Recouvrez le tout d'un centimètre de riz. Renversez sur un plat, enlevez le moule et découpez en tranches que vous servirez avec de la sauce de soja.

DESSERTS

223. *Karinto.*

Faites une pâte légère à l'eau avec deux tasses de farine, deux cuillerées à soupe de graines de sésame et une cuillerée à café de cannelle. Etalez-la et découpez-la en bandes que vous grillerez jusqu'à ce qu'elles soient croquantes. Des formes diverses peuvent leur être données ; elles peuvent être nouées, ou l'une de leurs extrémités peut être glissée dans une fente pratiquée au milieu.

224. *Polenta.*

Même recette que la précédente, mais en mélangeant à parts égales des farines de froment et de maïs.

225. *Karinto au sarrasin.*

Même recette que précédemment, mais en utilisant de la farine de sarrasin. Excellent comme casse-croûte pour les malades.

226. *Karinto au millet.*

Mélangez du millet cuit et de la farine en parties égales. Ajoutez des noisettes ou des noix d'acajou coupées en petits morceaux, ainsi que de l'écorce d'orange râpée. Pétrissez le tout avec de l'eau. Faites avec cette pâte des bâtonnets de 10 cm. que vous découperez en fines tranches avant de les frire. Vous pouvez utiliser de la farine de blé, de riz, de maïs, etc., et ajouter de petites quantités de noix, cacahuètes, raisins secs, etc.

227. *Pain Ohsawa.*

Mélangez quatre parts de farine de froment, deux de farine de maïs, deux de farine de châtaignes, deux de farine de sarrasin. Ajoutez un peu d'huile et quelques raisins secs, puis pétrissez le tout avec de l'eau. Faites cuire dans une tourtière huilée et frottez cette galette avec de l'œuf. Pour les malades, ne mettre ni raisins, ni noix, ni châtaignes. Des tranches de ce pain peuvent être grillées dans l'huile ; il ne contient pas de levure, n'est pas léger, mais il est excellent s'il est bien mâché.

228. *Gâteau aux pommes.*

Coupez des pommes en tranches, ajoutez-y un peu de sel et faites-les cuire. Préparez une pâte, garnissez-en un plat que vous remplirez de pommes et mettrez au four. Pour la croûte, voyez le chapitre des pâtés.

229. *Pommes au four n° 1.*

Enlevez la partie médiane des pommes en prenant soin de ne pas les trouer complètement. Remplissez-les de beurre de sésame (tahin) et de sel, puis cuisez au four.

230. *Pommes au four n° 2.*

Préparez de la pâte à tarte et roulez-la finement, découpez-y de quoi envelopper une pomme. Préparez les pommes comme ci-dessus et enveloppez-les de pâte que vous pincerez pour la fermer. Frottez-la avec du jaune d'œuf et mettez-la au four. Le reste de la pâte peut être coupé en bandes pour décorer. Si les pommes sont trop grosses, elles peuvent être coupées en quartiers, mais les pommes entières sont préférables.

231. *Chausson aux pommes.*

Prenez de la pâte que vous étalerez et découperez en rondelles de 10 cm. de diamètre. Mettez-en deux l'une sur l'autre et couvrez de compote de pommes ; pliez-les en deux et pincez-les pour les clore avant de les mettre au four.

232. *Gâteau aux raisins.*

Etendez une pâte sur une couche mince et découpez-la en rondelles de 6 cm. de diamètre. Déposez-y quelques raisins secs et fermez la pâte en la pinçant. Frottez-la avec du jaune d'œuf avant de la mettre au four. Vous pouvez remplacer les raisins par des noix d'acajou (caju).

Variété n° 1.

Roulez une pâte autour d'un bâton de la grosseur du pouce. Faites-la frire dans de l'huile, laissez refroidir et ôtez le bois. Remplacez-le par de la compote, de la purée de marrons, de la purée de potiron, etc.

Variété n° 2.

Découpez une pâte en bandes de 4 cm. de large et 12 cm. de long. Enveloppez-en un bois en forme de cône de 6 cm. de large à la base et mince comme un crayon au sommet. Faites cuire au four, enlevez le bois et remplacez-le par de la compote, de la purée de marrons, de la purée de potiron, de la semoule de maïs cuite, etc.

233. *Craquelins.*

Pétrissez de la farine de froment ou d'avoine, ou de maïs, avec un peu d'huile, de sel et d'eau. Roulez cette pâte et coupez-la en carrés de 5 cm. de côté. Piquez-la avec une fourchette et mettez-la au four. Pour des biscuits, faites des carrés plus épais. Parfumez-les avec du gingembre ou de la cannelle.

234. *Halwa.*

Prenez une tasse de semoule de blé, deux cuillerées à soupe de raisins secs, deux cuillerées à café de cannelle et une pomme. Faites brunir la semoule dans 4 cuillerées d'huile. Ajoutez-y les raisins et la pomme coupée en morceaux. Versez dans ce mélange 4 fois son volume d'eau, une cuillerée à café de sel et faites cuire à petit feu. Lorsque le mélange s'est épaissi, ajoutez-y la cannelle. Humectez un plat avec un peu d'eau, garnissez-en le fond avec du persil et versez-y le mélange. Une fois refroidi, renversez sur un plat. Vous pouvez alterner ce mélange avec de la farine de châtaigne, ou des châtaignes en purée, ou du potiron en purée. D'autres moules peuvent également être utilisés.

235. *La Semoule.*

La semoule peut être employée comme nourriture de base si elle est faite de grains d'orge brunis dans un peu d'huile. Elle doit provenir de graines complètes.

236. *Sandwiches.*

Vous pouvez en faire avec des nitukés de différentes variétés, de la crème de potiron, des noix, de la compote de pommes, etc. Pour les malades, le meilleur pain est

celui d'Ohsawa, sans raisins, cuit au four et coupé en
tranches minces. Vous pouvez également utiliser le
chapati, des crêpes, etc.

237. *Canapés.*

Etendez des nourritures variées sur de petits carrés de
pain que vous mettrez au four un court instant.

CHAPITRE X

SUGGESTIONS POUR QUELQUES MALADIES

Après avoir étudié le principe Yin-Yang, vous avez choisi une des dix façons de vous alimenter pour affermir votre santé et votre bonheur. Le régime n° 7 est le plus facile à adopter et le plus efficace et, si vous l'adoptez, il n'y a plus rien à ajouter. Après amélioration vous pouvez prendre n'importe quel aliment et n'importe quelle boisson énumérés au chapitre de ma cuisine macrobiotique. Mais si vous voulez accélérer votre amélioration dés le début, choisissez parmi les suggestions suivantes celles qui vous conviennent le mieux.

Fièvre : Kuzu (183) ; Ume-Syo-Kuzu (191) ; potage de riz (22) ; crème de riz complète (22a). Comme remède externes : cataplasmes de chlorophylle (250) ; de pâte de haricots (240) ; de haricots de soja (248) ou de carpe (193, 249).

Inflammation : externe : emplâtre d'arbi (239) ; de tofu (240) ; de chlorophylle (250) ou de carpe (193, 249).

Diarrhée ou dysenterie : Kuzu (183) ; Ume-Syo-Kuzu (191) ; remèdes externes : cataplasmes de gingembre

(238) ou de racines d'arum (247) ou bain de siège de gingembre (245).

Rhume : Kuzu (183) ; Ume-Syo-Kouzou (191) ; crème de riz (78, 157, 181, 186, 192).

Toux y compris la *Coqueluche* : Thé Kohren (182) ou thé de lotus (184). Remède externe : cataplasme de gingembre (238) ; emplâtre d'arbi (239) (71, 157, 184 bis).

Enflures : soupe de radis (187) potage d'azukis (185).

Eczéma ou *blessures* : observez strictement le régime n° 7 et buvez aussi peu que possible (178, 238, 241, 256, 260, 54, 253, 239).

Paralysie : faites comme précédemment. Les nitukés de cresson (56) ; de pissenlit et de chardon sont très efficaces (136, 170, 71, 143, 144, 144 bis).

Anémie et faiblesse générale : même régime que le précédent avec tekka (156) ; boire le moins possible (176, 178, 179, 192a, 172, 56, 177 bis).

Parasites intestinaux et dysenterie amibienne : décoction de pas d'âne (173) ; une poignée de riz complet et cru au petit déjeûner. Prendre à jeun et mâcher au moins 100 fois chaque bouchée. Suivez très strictement le régime n° 7, avec du gomasio (50), des umebosis (51) ou une poignée de graines de potiron de Hokkaido (49) (spécialement recommandée contre le tœnia), (192b, 192c).

Comme chacun sait, il existe un très grand nombre de maladies dont le diagnostic est difficile, même pour les médecins bien équipés. En réalité, chaque maladie se manifeste par un de ces symptômes et, si vous appliquez le régime macrobiotique, en particulier si vous adoptez les régimes n° 5 et 6, vous pouvez vous soigner vous-mêmes et d'autant mieux si vous suivez les recommandations suivantes de traitement externe.

238. *Compresses de gingembre.*

Cousez un quart de gingembre haché (ou une bonne cuillerée à café de poudre de gingembre) dans un petit sac de toile que vous presserez dans deux à quatre litres d'eau chaude. Plongez une serviette dans ce liquide, qui doit être aussi chaud que possible, et appliquez-la sur la partie malade. Couvrez-la d'une autre serviette pour qu'elle ne se refroidisse pas. Changez la compresse trois ou quatre fois pendant un quart d'heure.

239. *Emplâtre d'arbi* (igname rond).

Arbi est un mot indou qui se traduit par sato-imo en japonais et igname rond en français. Ecrasez un igname cru très soigneusement, ajoutez le même volume de farine de blé si le jus est trop liquide et 10 % de gingembre cru. Etendez cette pâte sur un papier ou un morceau de nylon sur une épaisseur de 1,5 à 2 cm. Posez ce cataplasme sur la partie malade, vous le recouvrirez avec une étoffe de nylon et le conserverez plusieurs heures. Cet emplâtre doit être utilisé après la compresse au gingembre, 4 à 5 fois par jour.

240. *Emplâtre de tofu.*

Ajoutez 10% de farine à de la pâte de soja (tofu) et appliquez directement cette pâte sur toute la partie enflammée qui redeviendra rapidement normale, de même que fièvres et douleurs disparaîtront. A ne jamais employer contre la petite vérole ou la rougeole.

241. *Sésame et gingembre.*

Mélangez une cuillerée d'huile de sésame et une de jus de gingembre et vous aurez un excellent remède contre les maux de tête, les pellicules, la chute des cheveux. Une goutte dans l'oreille calme toute inflammation de l'oreille interne. Très bon pour le rhumatisme et l'eczéma (après la compresse de gingembre).

242. *Huile de sésame.*

Filtrez de l'huile de sésame à travers un linge et mettez-en une goutte dans chaque œil avant de dormir ; c'est quelquefois un peu douloureux, mais c'est un excellent remède contre les maux d'yeux. Cette huile est excellente pour l'entretien des cheveux, prévenir la calvitie et les cheveux blancs.

243. *Préparation pour bain de siège n° 1, Bain de chlorophylle.*

Faites bouillir deux ou trois poignées de feuilles séchées de radis blanc japonais dans 4 litres d'eau avec une poignée de sel. Couvrez-vous chaudement et ajoutez une décoction chaude de thuya de temps en temps. Prenez une tasse de thé vert avec de la sauce de soja après avoir pris ce bain de chlorophylle pendant 15 à 20 minutes avant de vous coucher. Il est excellent contre toutes les maladies des organes féminins.

244. *Préparation pour bain de siège n° 2.*

Le même que précédemment, mais remplacez le thuya par du sel.

245. *Préparation pour bain de siège au gingembre.*

Cousez dans un sac d'étoffe une livre de gingembre écrasé et faites-la bouillir dans huit litres d'eau. Ceci est excellent contre la dysenterie. En cas d'attaque bénigne, réduisez la quantité de moitié. Trempez une serviette dans ce liquide et appliquez-la sur l'abdomen.

246. *Compresse salée.*

Faites chauffer 2 ou 3 livres de sel que vous mettrez dans un sac d'étoffe et poserez sur la partie malade, ou sur le ventre en cas de douleurs ou de diarrhée.

247. *Compresse de racines d'arum* (konophallus Konjak).

Faites bouillir 2 à 3 livres de ces racines et appliquez-les en compresses sur la partie malade.

248. *Emplâtre de soja* (Tofu).

Faites tremper une tasse de haricots de soja dans 5 fois leur volume d'eau pendant une nuit. Ecrasez-les et ajoutez-y un peu de farine. Appliquez cette pâte sur le front si vous avez la fièvre ou sur toute autre partie enflammée. Cet emplâtre absorbe la fièvre merveilleusement. A ne jamais employer contre la petite vérole ou la rougeole.

249. *Emplâtre de carpe.*

Coupez la tête d'une carpe d'une livre et recueillez-en le sang que vous ferez boire, avant qu'il ne se coagule, à un malade atteint de pneumonie. Ecrasez le poisson très soigneusement et appliquez-le sur la poitrine du malade dont vous prendrez la température toutes les demi-heures. Lorsque la température sera redevenue normale, après 5 ou 6 heures, enlevez l'emplâtre.

Bien des malades ont été guéris par cette méthode après avoir essayé en vain tous les antibiotiques.

250. *Emplâtre de chlorophylle.*

Ecrasez des feuilles de cresson, d'épinard, de navet, de chou, etc. et appliquez-les sur le front pour absorber la fièvre.

251. *Compresse de thé.*

Faites une infusion avec du thé Bancha, ajoutez-y 5 % de sel. Ceci est bon pour les yeux, appliqué en compresses pendant 10 à 15 minutes trois fois par jour.

252. *Dentie.*

Prenez une aubergine salée et séchée, brûlez-la et employez-en les cendres comme pâte dentifrice. Appliquez-les sur la dent malade et la douleur disparaîtra immédiatement. Si vous souffrez de pyorrhée, frottez-en vos dents et appliquez-en sur vos gencives, à l'extérieur seulement, tous les soirs avant d'aller vous coucher.

253. *Emplâtre au riz.*

Ecrasez du riz cru complet et ajoutez-y un peu d'eau ; appliquez cet emplâtre directement sur la partie malade ou sur la blessure.

254. *Préparation pour bain de siège n° 3.*

Faire bouillir une livre de feuilles de navet avec une poignée de sel dans 6 litres d'eau. Le bain doit être pris le plus chaud possible, une fois avant le coucher.

255. *Préparation pour bain de siège n° 4.*

Dissoudre 150 grs de sel marin dans 6 litres d'eau. Prendre aussi chaud que possible avant le coucher.

256. *Préparation pour bain de siège « Hibayu ».*

Faire bouillir une livre de feuilles fraîches de navet ou 150 grs de feuilles sèches dans 4 litres d'eau avec une poignée de sel.

Très efficace contre l'eczéma, contre les règles douloureuses (bain de siège pendant 20 minutes au moins, avant le coucher).

257. *Jus de pomme.*

A utiliser en friction sur la tête pour calmer les maux de tête.

258. *Jus de radis.*

A utiliser en friction sur la tête en cas de maux de tête accompagnés de fièvre.

259. *Cataplasme de sarrasin.*

Préparé avec des graines de sarrasin, de l'eau et un peu de sel marin. Faire cuire légèrement. Ecraser les graines de façon à obtenir une pâte. Peut être utilisé à la place de l'emplâtre d'arbi.

260. *« Nukayu ».*

Faire bouillir 2 litres d'eau avec 4 poignées de son de riz dans un sac de coton. Excellent contre l'eczéma.

CHAPITRE XI

RÉGIMES CURATIFS

Les conseils de diététique qui vont suivre ne sont pas utiles si vous suivez le régime n° 7 ou si votre cas n'est pas très critique, vous pouvez améliorer votre santé uniquement en suivant le régime n° 7 ou n° 6 sans aucune aide extérieure ni aucun instrument, en ajoutant la prière et le jeûne, ainsi que le conseillent toutes les grandes religions. Si vous ne pouvez améliorer votre santé, c'est que vous ne connaissez pas le vrai sens de la prière et du jeûne, ou que vous avez perdu la foi en Dieu, le Créateur de l'Univers ; c'est que vous avez une fausse foi en quelque chose qui prétend se substituer à Dieu, comme « la Science », ou comme une religion nouvelle, le mysticisme, le spiritualisme, le conceptualisme, la réforme sociale ou que vous êtes superstitieux.

La vraie prière ne consiste pas à « mendier » mais plutôt à se concentrer à chaque instant sur l'Ordre de l'Univers, sur le Royaume des Cieux et sur la Justice divine. Le vrai jeûne ne consiste pas à s'abstenir de toute nourriture ou de toute boisson, mais au contraire, à s'attacher strictement à tout ce qui est indispensable pour vivre et à rien d'autre. On ne peut se détacher de l'air, de l'eau ni de la lumière, dont les céréales, qui sont à la base de notre être, sont la synthèse la plus merveilleuse. Les céréales, le feu et le sel différencient l'homme des animaux et ceci est fondamental. L'homme l'a presque oublié et il a presque abandonné sa Mère, la nature, le principe de sa vie, en cherchant seulement les plaisirs des sens et un mode de vie compliqué qui engendre toutes sortes de difficultés et de malheurs.

Abandonnez tout ce qui n'est pas absolument nécessaire pour votre vie, au moins pendant une semaine ou deux, et vous aurez un aperçu de ce que sont la liberté, le bonheur et la justice. Vous comprendrez rapidement que tous ceux qui adoptent le régime macrobiotique sont parfaitement immunisés contre les maladies. La décision vous appartient !

Abcès : Régime n° 7 avec gomasio (50) sans excès. Boire le moins possible (193, 238, 239).

Addison : Régime n° 7, avec Gomasio (50) et syoyu (tamari). Boire le moins possible (178, 176).

Anévrisme : Régime n° 7, Gomasio et syoyu (178, 130, 142 bis, 238).

Apoplexie : Vous n'en souffrirez jamais si vous suivez un régime macrobiotique, dont le meilleur est celui n° 7.

Appendicite : Aucun adepte du régime ne peut souffrir de ce mal. Le meilleur régime est celui n° 7 ou encore le n° 6. Crème de riz complet et racines frites dans l'huile de sésame et salées. Le meilleur traitement est l'emplâtre d'arbi (239) après la compresse au gingembre. En cas d'urgence faire avaler 3 cuillers à soupe de jus de navet.

Astigmatisme : il en existe 2 formes :

– la forme Yin : les lignes horizontales ne sont pas perçues : régime n° 7, boire le moins possible. Gomasio, syoyu (tamari) ;

– la forme Yang : les lignes verticales ne sont pas perçues : régime n° 7 ou n° 6.

Arthrite : Ce mal est très facile à guérir, comme toutes les maladies dites « incurables ». Adoptez strictement le régime n° 7 et les traitements 238, 239, 144, 130, 71, 241, 193, 142 bis, 192 d, 156.

Atonie gastrique : Riz complet bien cuit, frit ou grillé. Chapati (94) et crêpes au sarrasin (129) 70 à 80 %. Gomasio, syoyu (tamari).

Athérosclérose : Cesser d'absorber des produits d'origine animale. Régime n° 7. Gomasio (50), syoyu (tamari) (130, 142 bis). Compresses de gingembre (238).

Brûlures : Adoptez le régime n° 7 et ne buvez rien pendant quelques jours. Appliquez de l'huile de sésame. Les umebosis sont aussi très efficaces.

Cancer : Ce mal est très intéressant, car avec les maladies de cœur et les maladies mentales, c'est une des trois maladies les plus dévastatrices de notre temps et un exemple de l'inefficacité de la médecine symptomatique moderne.

L'incompréhension de la Constitution de l'Ordre de l'Univers rend la médecine incapable de guérir un mal aussi insignifiant qu'une verrue ou même d'empêcher son apparition. Tout traitement médical basé sur l'examen des symptômes est analytique, par conséquent négatif et destructeur. Par exemple, on essaie de diminuer la fièvre sans connaître l'origine et le mécanisme de la fièvre ; ou on utilise des alcalins pour combattre un excès d'acidité qui pourrait être guéri facilement en éliminant l'absorption de nourriture produisant des acides ; on se sert d'antibiotiques contre tout mal microbien sans éliminer ce qui favorise le développement des microbes, enfin on détruit par la chirurgie les organes souffrant, sans toucher à la cause réelle du mal, qui réside souvent dans un jugement défectueux en matière d'alimentation. Le cancer, comme les maladies mentales et les maladies de cœur, est l'impasse où est arrivée la médecine symptomatique, qui ne comprend pas les processus vitaux.

Le cancer est la maladie la plus Yin et rien n'est plus facile que de le guérir, ainsi que les autres maladies, en revenant à la façon la plus naturelle de s'alimenter, celle n° 7. Si vous n'avez pas confiance dans les paroles de Jésus, « prière et jeûne », essayez les n° 238 et 239 (3 à 4 fois par jour). Le spécifique est le sarrasin (25, 30), 193, 156. Gomasio (50). Syoyu (tamari). Boire le moins possible.

Cataracte : Maladie causée par la trop grande absorption de sucre et de vitamine C. Adoptez le régime n° 7 et prenez du gomasio.

Cécité colorée : il existe 2 formes :
– la forme Yin, bleue : le rouge n'est pas perçu : régime n° 7, gomasio, syoyu (tamari). Restreindre les boissons.
– la forme Yang, rouge : le bleu n'est pas perçu, régime n° 7 ou n° 6.

Cécité nocturne : Régime n° 7 ou n° 6, avec chaque jour un peu de persil hâché, gomasio (52, 143, 56, 177).

Chute des cheveux, pellicules et calvitie : ces maux sont dus à l'excès de Yin, c'est-à-dire aux abus de vitamine C, des fruits, du sucre, des salades, des produits riches en potasse ou en phosphore.

Cessez de les prendre et vous serez guéri sans traitement. Vous ferez alors une expérience curieuse ; prenez un de ces aliments Yin, à savoir une poire, une aubergine, une tomate, du vinaigre ou du miel, avant de vous coucher. Vous serez surpris de voir vos cheveux tomber sur votre oreiller et votre peigne en contenir dix fois plus que le jour précédent. Tous les cosmétiques, teintures, lotions, ainsi que les peignes et brosses en plastique sont très Yin (142 bis, 241, 242).

Congestion : Régime n° 7 avec gomasio, syoyu (tamari). Boire le moins possible (238).

Conjonctivite : Régime n° 7, avec un peu de gomasio (192a, 156, 54, 238, 239, 242, 251).

Constipation : La constipation, la congestion, est causée par l'absorption de trop d'aliments riches en éléments Yin, comme le sucre, la vitamine C, la salade, les fruits, les pommes de terre, les aubergines, les tomates, etc. (voir la liste des aliments Yin). Eliminez-les et vous serez guéris comme si vous vous éveilliez d'un cauchemar. Si, en suivant le régime n° 7 pendant quelques jours, vous n'êtes pas guéri, c'est que votre cas est grave. Vos intestins, les racines de votre vie, ont perdu toute élasticité et sont complètement paralysés. N'ayez pas de crainte, attendez quelques jours, même quelques semaines, sans avoir d'inquiétude, tant que vous mangez n° 7. Ce qui a un commencement a une fin et l'évacuation naturelle se produit tôt ou tard, dès que vos intestins auront retrouvé leur souplesse. Aucune fermentation dangereuse ne se produira dans votre organisme si vous vous alimentez suivant les principes macrobiotiques. Sarrasin recommandé (25, 30). Gomasio, chapati (94). « Chana » (pois chiche) grillé dans le sable avec le germe et l'écorce, 50 grs par jour (171).

Crampes : les crampes sont causées par une alimentation trop Yin, plus particulièrement par un excès de sucre et de fruits. Elles attaquent d'abord les jambes, qui sont plus Yang et qui peuvent d'habitude neutraliser l'excès de Yin. Si elles prennent le cœur, l'issue est fatale. Tous les symptômes de maladie ainsi que les douleurs sont autant de signaux lancés par la Providence ; si vous les annulez avec des calmants, vous détruisez ces avertissements qui sont précieux (238).

Cystite : suivre le régime n° 7, avec gomasio, syoyu (tamari). Boire le moins possible (192a, 3, 185, 178, 1,23, 238, 239).

Décollement de la rétine : suivez le régime n° 7, sans prendre aucune boisson, pendant quelques jours. Vous serez surpris, de même que votre docteur, par cette cure naturelle.

Décalcification : est due à un excès de Yin : sucre, fruits, vitamine C, pommes de terre, acidité. La cure en est simple : cessation de l'absorption de Yin en excès et adoption du régime équilibré macrobiotique. Le mieux est de suivre durant un certain temps le régime n° 7 avec gomasio, kinpira (54) (136, 156, 130, 142 bis). Boire le moins possible.

Diabète : ce mal est également provoqué par un excès de Yin dans l'alimentation. Aucun docteur ne peut guérir le diabète, même 30 ans après la découverte de l'insuline, aussi le nombre des diabétiques augmente-t-il tous les jours. Pourquoi alors ne pas revenir à la doctrine de Jésus dans ce pays chrétien ? Cette maladie « incurable » peut être guérie dans les dix jours si le malade comprend le sens de la « prière et du jeûne », l'Ordre de l'Univers et s'il a une volonté forte. Dans le cas contraire, il nourrira des docteurs et l'industrie pharmaceutique toute sa vie. Il n'aura pas besoin d'aller en enfer à sa mort, il s'y trouve déjà.

La meilleure façon de guérir ce mal est naturellement d'adopter le régime n° 7 avec par jour 100 grammes de Poti-marron (potiron de Hokkaido) cuit avec 50 grammes d'azukis (petits pois rouges japonais) provenant du même endroit. Ces deux légumes peuvent être cultivés avec succès notamment en Belgique, au Canada, aux Etats-Unis et en France (71, 185, 156, 192 d, 123, 3, 73, 74).

Le poti-marron et les azukis sont très riches en carbohydrates, ou glucoses, que les médecins interdisent aux diabétiques parce qu'ils se transforment en sucre dans notre organisme. Mais le riz, le poti-marron et les azukis peuvent parfaitement guérir le diabète sans rien d'autre. Si le diabète disparaît à la suite d'un régime dépourvu de carbohydrates, la cure n'est pas complète. Le malade se trouve seulement dans une condition négative, comme s'il était en prison.

Diarrhée « Dysenterie » : ne buvez pas d'eau, appliquez les remèdes (238, 239) à votre abdomen ou prenez un bain de siège (245, 246, 255). Buvez les boissons (183) (2 à 3 tasses par jour) (191). Prenez de la crème de riz (22a). Si pas de résultat, faire un lavement avec une solution salée très chaude ou cautériser le nombril en remplissant celui-ci de sel marin et en faisant brûler dessus une petite boule d'armoise (moxa),

Diarrhée des enfants : cette maladie est causée par un excès de vitamine C ou de fruits. Suivez le régime n° 7 et traitez selon les n° 183, 238, 245. On peut aussi procéder à la cautérisation du nombril, comme ci-dessus.

Eczéma : aucun traitement spécial n'est nécessaire, mais observez soigneusement le régime n° 7 en buvant aussi peu que possible. Spécifiques : « Kipira » (54, 238, 241) ; « Nikayu » (260) ; « Hibayu » (256, 239).

Eléphantiasis : régime n° 6 et interdire particulièrement les légumineuses.

1) Gomasio : 2 cuillerées à café par repas ;
2) Soupe de radis n° 2 (une fois tous les 2 jours) (187) ;
3) Compresses de gingembre : 2 fois par jour (238) ;
4) Emplâtre d'arbi : 2 fois par jour (239) ;
5) 5 cuillerées à café d'huile de sésame par jour dans les légumes ;
6) absorber : millet, farine de blé, sarrasin, flocons d'avoine, riz ou orge (150 à 300 gr. par jour) ;
7) 20 gr. de radis cru par jour.

Engelures : elles sont Yin. Adopter le régime n° 7 ou 6 avec gomasio, syoyu (tamari). Boire le moins possible. On peut protéger la peau en mettant dessus un tout petit peu d'huile de sésame (130, 142 bis, 178, 238).

Epilepsie : aucun docteur ne peut guérir ce mal que Jésus guérissait si facilement par la prière et par le jeûne. Ma femme a fréquemment guéri ce mal, quelquefois en 3 jours. La meilleure façon est d'adopter le régime n° 7, sans liquides, pendant plusieurs jours.

Glaucome : provoqué par excès d'aliments Yin, plus particulièrement de graisses et d'alcool. Prendre le régime n° 7 et boire aussi peu que possible.

Gaz intestinaux : Suivre le régime n° 7 ou 6 avec goma-sio, autant qu'on peut. Prendre « chana » (pois chiches) grillé dans le sable avec le germe et l'écorce : 50 grs par jour.

Gonorrhée : ceux qui ont adopté le régime macro-biotique ne peuvent être atteints de ce mal, ni d'aucune maladie vénérienne. Si vous en êtes affecté, suivez le régime n° 7 et prenez autant que possible de gomasio pendant une semaine ou deux. Vous pouvez boire tout liquide Yang, c'est-à-dire ceux des n° 168, 171, 172, 173, 176, 178, 179, 180, 181, 190, 191, etc.

Goutte : supprimer tous les produits animaux et les aliments Yin : café, vins, sucre, fruits, etc. Adopter le régime n° 7 avec gomasio et syoyu (tamari). Boire le moins possible (130, 142 bis, 156, 178, 238).

Hémophilie : ceci est un mal extrêmement Yin, causé par un excès de vitamine C, de fruits et de salades. Prenez le régime n° 7 avec autant de gomasio que possible, syoyu (tamari). Boire le moins possible. (176, 178, 156).

Excès ou insuffisance de tension : même régime que précédemment. (130, 142 bis).

Hémorroides : adoptez le régime n° 7 et, si vous souffrez beaucoup, essayez (238, 239, 130, 142 bis).

Hémorragies : voyez d'abord les 10 suggestions géné-rales. Les écoulements de sang dans l'estomac, les intes-tins, l'utérus, ainsi que les saignements de nez, les gencives saignantes et les ulcères sont tous produits par un excès de Yin. Il est très rare qu'un saignement soit causé par un excès de Yang. Dans ce dernier cas, il n'y a rien à faire que le laisser couler.

Hernie. Hydrocéle : prenez le régime n° 7 avec le n° 130 (sio kobu). (142 bis).

Hypogalactie. Agalactie : adopter le n° 7 ou 6 avec gomasio (50), syoyu (tamari), tekka (156), kipira (54). Le n° 193 fait souvent merveille. On peut utiliser un peu de cumin, carvi, fenouil. Essayez les compresses de gingembre (238). Ne pas restreindre les liquides.

Hyperinsulinisme : c'est le mal de transition vers le diabète (hypoinsulinisme). Vous pouvez vous en guérir très facilement par le régime n° 7, gomasio (50), syoyu (tamari), tekka (156), le potiron japonais (73-74), les azukis (3, 123, 71, 192 d, 185).

Hypermétropie : est Yin ou Yang. Suivre les directives générales et si Yang ne pas réduire les liquides et prendre du sel modérément.

Influenza : prenez de la crème de riz complet, du kouzou (n° 183), de l'ume-syo-kuzu (n° 191). Si vous souffrez beaucoup, prenez du thé Mû (n° 176) ou Haru (n° 181). Relisez les suggestions générales. Ceux qui suivent le régime macrobiotique ne peuvent être atteints de ce mal (78, 186, 184 bis).

Impuissance : un désir sexuel modéré et normal est un signe de bonne santé. Il est normal qu'un homme et une femme bien portants partagent l'extase une fois par nuit jusqu'à l'âge de 60 ans au moins. Toutes les personnes qui ont adopté le régime macrobiotique peuvent avoir ces relations jusque tard dans la vie, même après 60 ans. Un des plus grand moine bouddhiste du Japon, Rennyo (1415-1499), avait un enfant de trois ans quand il mourut à 84 ans, et c'était son vingt-septième.

Au Japon, la statistique montre que la longévité appartient au moine macrobiote, tandis que les restaurateurs et les docteurs meurent les plus jeunes. Il est vraiment curieux que ceux qui préparent des plats exquis et ceux qui prennent soin de nous non seulement ignorent le secret de la vie, mais sont également ses ennemis.

L'appétit de nourriture et l'appétit sexuel sont les deux instincts majeurs de l'homme. Sans appétit, personne ne peut être heureux, ni joyeux et sans appétit sexuel aucune race ne peut survivre. Dans les relations sexuelles, l'homme bien portant est actif et la femme est passive parce que l'homme est Yang, c'est-à-dire centripète, et fort (dans des cas extrêmes et pathologiques, il est violent, destructeur et cruel), tandis que la femme est Yin, centrifuge et douce (dans des cas extrêmes, elle est faible, négative, exclusive, antisociale et fuyante).

De sorte que l'homme et la femme sont à la fois antagonistes et complémentaires, obligés de se compenser d'une façon permanente. Voilà pourquoi la vie est si intéressante et si dramatique ; sans désir sexuel c'est un désert.

Malheureusement, nombreux sont ceux qui ne peuvent bénéficier d'amour sexuel. Ils sont asexuels de naissance par suite du mauvais régime de leur mère ou parce qu'ils ont acquis une nature Yin en absorbant trop d'aliments Yin tels que sucre, fruits, boissons industrielles, etc. L'homme doit être Yang ; s'il est Yin il est très malheureux. S'il est trop Yang il est cruel, destructeur et meurt jeune tragiquement.

Les femmes sont Yin de nature. C'est lorsqu'elles deviennent Yang en consommant trop d'aliments Yang (produits animaux) qu'elles deviennent malheureuses. Quelques-unes ont horreur du mâle. Elles n'ont pas envie d'être aimées par un homme et elles préfèrent les hommes passifs et efféminés qui sont obéissants et doux, ou alors elles deviennent homosexuelles ou aiment les animaux. Leur existence est malheureuse, car elles violent le principe fondamental de la vie. Si, par ailleurs, les femmes sont trop Yin, c'est-à-dire qu'elles fuient toute sexualité, elles seront tristes toute leur vie.

Les hommes qui sont Yin sont bien plus malheureux que ceux qui sont trop Yang, de même que les femmes qui sont Yang sont bien plus malheureuses que celles qui sont trop Yin. Tous sont dans l'impossibilité d'édifier une famille heureuse, mais un homme trop Yin et une femme trop Yang peuvent être heureux s'ils se rencontrent, plutôt que s'ils restent seuls.

Presque tous les malheurs de notre vie et de notre vie de famille – qui est l'unité de notre vie sociale – proviennent de difficultés d'ordre sexuel et d'impuissance, soit manque de rapports joyeux, soit excès pathologiques. Bien des grands hommes, comme Socrate, Confucius et Tolstoï, eurent des fins désespérées à cause de leur femme, qui était malade ; des hommes Yin devinrent célèbres parce qu'ils furent aidés par des femmes très Yang, tels Anatole France, par Mme de Caillavet, Nelson, par Lady Hamilton, etc.

Quelle est la cause de l'impuissance, de la frigidité féminine et du manque d'appétit sexuel chez l'homme ?

Hommes et femmes dépendent de leurs hormones, mais ne savent pas comment former et contrôler un appétit sexuel normal par leur alimentation. Ils jouent à Colin Maillard et choisissent leur compagnon en ignorant celui qui leur convient le mieux. Leur jugement est fortement voilé car ils sont guidés par des raisons de bas étage comme celles des sens, du sentiment, de l'intelligence, ou d'ordre économique, ou encore par la plus inférieure : l'attrait physique. S'ils connaissaient le Principe Unique de l'univers, le Yin-Yang, ils sauraient choisir le meilleur et, quand ils se trompent, ils pourraient changer la constitution de leur partenaire par la macrobiotique.

La philosophie orientale, qui imprègne toute notre science et toute notre technologie, ne réunit pas les garçons et les filles pour jouer ou étudier dans une même salle lorsqu'ils ont dépassé 7 ans. C'est le meilleur moyen de développer et de renforcer la nature Yang des garçons et Yin des fillettes, qui tous apprennent le principe Yin-Yang dès l'école primaire. L'étude consiste à apprendre l'application du principe Yin-Yang dans tous les domaines de la vie. Cette philosophie enseigne comment trouver le meilleur compagnon parmi ceux qui sont nés aux antipodes de l'orbite de la terre, c'est-à-dire à 180 jours de distance, et dans une famille aussi différente que possible afin de contribuer à la plus forte attraction mutuelle.

De plus, nous disposons de milliers d'aliments et de boissons qui peuvent changer notre constitution, notre désir sexuel, nos tendances intellectuelles, notre comportement et par conséquent notre destinée et notre entourage. Certains végétaux sont miraculeusement aphrodisiaques, d'autres sont anaphrodisiaques et agissent instantanément : le « shiitaké », champignon japonais, le « kanpyo », la racine de Konophallus Konjak, et en particulier le sagittaire qui tue notre appétit sexuel immédiatement et complètement. Ils sont utilisés dans les temples bouddhistes et dans les familles religieuses du Japon. Le sucre, les bonbons, les crèmes glacées, les boissons même non alcoolisées, les fruits, surtout ceux provenant des pays chauds, les pommes de terre, les aubergines et la vitamine C peuvent les remplacer. Certaines femmes les utilisent dans leur cuisine lorsque leurs maris sont trop Yang (cruels et violents dans leur comportement sexuel). Des maris qui ignorent les secrets de la macrobiotique les consomment tous les jours, de sorte qu'ils deviennent dociles et impuissants.

Je ne vous en dirai pas plus long, car il se trouve toujours des personnes qui en feraient mauvais usage. Il vaut mieux s'en tenir au régime macrobiotique qui transforme votre constitution lentement, mais sûrement.

La nourriture nous soutient et c'est grâce à elle que nous pouvons agir ; nous pouvons tuer l'homme le plus robuste en l'alimentant de produits Yin et il est beaucoup moins difficile d'influencer le désir sexuel.

Les femmes frigides, vieillissantes, sont généralement soupçonneuses, mystiques, pleines de calomnies. Avec le temps cette tendance tourne à la maladie mentale et, dans ce cas, il convient d'adopter le régime n° 7 d'une façon très stricte pendant quelques semaines.

Insomnie : Suivez à la lettre le régime n° 7 et prenez une tasse de thé vert avec sauce de soja (tamari) avant de vous coucher (178), ou 1 cuillerée à café pleine de gomasio (50). Si insomnie Yang (175).

Jaunisse. Hépatites : Il est recommandé de jeûner au moins trois jours. Prenez aussi de la crème de riz avec quelques umebosis. Si ce mal prend un bébé nourri au sein qui ne peut guérir en quelques jours, le cas est grave. La mère doit devenir Yang en prenant de la nourriture Yang ; aucun traitement n'est nécessaire pour l'enfant. Eviter les produits animaux, surtout en été (172, 190, 190 bis) et régime n° 7 ou 6 avec gomasio, syoyu (tamari), tekka (156).

Kératodermie. Verrues : abandonner tous les produits animaux, suivre le régime 6 ou 7 avec gomasio en quantité modérée (130, 142 bis, 178, 177, 176).

Lèpre : ce mal est facile à guérir, comme le cancer, car il attaque seulement les personnes ayant une très bonne constitution. Il est causé par un excès de Yin, comme le cancer. Suivez le régime n° 7 en buvant extrêmement peu et appliquez les recettes (238, 239). Prenez « kinpira » (54).

Leucémie (cancer du sang) : voyez « Cancer ». Cette maladie est guérie en 10 jours si vous avez compris la philosophie de la médecine d'Extrême-Orient et si vous savez préparer des repas macrobiotiques. Spécifique : sarrasin (25, 30), gomasio (50), tekka (156, 178, 54, 56). Boire le moins possible.

Leucodermie (lèpre blanche) : cette maladie provient d'une alimentation trop Yin et en particulier de fruits en trop grande quantité. N'en mangez plus et vous guérirez. Mais en général les personnes qui souffrent de cette maladie répugnante ne sont pas aimées parce qu'elles sont très entêtées (54, 56, 156, 50, 238, 239).

Leucorrhée (blanche, verte ou jaune) : ce mal est très courant et les femmes qui en souffrent ne peuvent pas être heureuses, même si elles sont très riches, intelligentes et belles. La leucorrhée verte est la plus Yin. Essayez le régime n° 7 et prenez des bains de siège (243, 244) très chauds, un quart d'heure avant de vous coucher, pendant au moins quinze jours (254, 255, 256, 180).

Mal de l'air : buvez aussi peu que possible avant de partir et conservez un peu de gomasio dans la bouche pendant le vol. Ne prenez ni sucre, ni bonbons, surtout pas d'alcool. Si vous suivez nos conseils pendant un mois ou deux vous n'aurez jamais mal au cœur, pas plus en l'air que sur l'eau ou le matin au réveil.

Mal de Basedow : très facile à guérir avec le régime n° 7 et du gomasio.

Maladies de cœur : la mortalité des Américains par maladies de cœur est la plus forte du monde, et la médecine occidentale ne peut lui opposer ni moyens préventifs, ni moyens curatifs, bien que des millions de dollars soient dépensés à leur recherche. D'après notre médecine, les multiples causes des maladies de cœur sont toutes dans la catégorie Yin. Le cœur est un des organes les plus Yang de notre corps et par conséquent, son plus grand ennemi est Yin.

Un gros livre serait à écrire sur les maladies de cœur. Je n'en ai pas le temps, mais vous pourriez l'écrire vous-même en suivant le régime n° 7. Avec gomasio (50), syoyu (tamari), tekka (156).

Vous pouvez essayez (188), si votre cas est grave, une fois par jour pendant trois jours, et vous serez surpris de votre amélioration (192 c, 192 d, 178, 144, 170, 130, 142 bis). Boire le moins possible. Avant de se coucher prendre 1 cuillerée à café de gomasio ou de syoyu (tamari).

Mal de Parkinson : il en existe deux variétés : Yin et Yang qui ne sont pas reconnues par la médecine officielle. La première consiste en tremblements tandis que l'autre se traduit par une agitation plus prononcée. La première est guérie par le régime n° 7 avec un peu de gomasio et diminution des liquides, la seconde avec les régimes n° 5 ou n° 4 sans gomasio et en buvant modérément (130, 142 bis, 144, 144 bis, 56).

Manque d'appétit : prenez du riz «Okayu », (16b) ; miso « Zasui » 20 ; crème de riz (22 a, 192 a) avec gomasio et syoyu (tamari) (78, 172, 178).

Mauvaise circulation : voir maladies de cœur et athérosclérose. On peut faire localement des compresses de gingembre (238).

Maux de dents : appliquez de la dentie (252) sur la dent et la gencive. Ne prenez pas de boissons Yin. On peut aussi se laver la bouche avec de l'eau salée au sel marin grillé.

Maux d'estomac : prenez du « syo-ban » (178), de l'umesyoban (190 bis), de la crème de riz avec un peu de gomasio (50) ou appliquez les remèdes (238, 239). En cas de douleurs, avaler un peu de « dentie » (252) diluée dans de l'eau. Boire aussi (192 c).

Maux de reins : ces maux sont forts nombreux, mais souvenez-vous que les reins sont très Yang, trois fois plus que le cœur. C'est pourquoi toutes les maladies des reins sont dues à une alimentation et en particulier à des boissons trop Yin. Buvez de moins en moins et évitez toutes les nourritures qui sont très Yin en consultant le tableau des aliments. Le remède spécifique consiste à prendre de la crème de riz (192 a) et du jus d'azukis avec un peu de sel (185). Si le mal est sérieux, utilisez les moyens 238, 239, 3, 123, 178, 50. Tuberculose rénale : prenez en plus du sarrasin (25, 30).

– Albuminurie : c'est très Yin, dilatation des glomérules de malpighi : mêmes directives.

– Urémie : mêmes directives, cesser d'absorber des produits animaux, prendre gomasio autant qu'on peut.

Maux de tête : le mal de tête est quelquefois un avertissement contre l'hémorragie célébrale. Il est provoqué par la consommation trop grande de nourritures riches en éléments Yin. Si vous prenez un médicament pour tuer la douleur, vous vous suicidez, car vous dissimulez votre maladie en paralysant votre système nerveux qui est votre défense. Tout mal de tête indique un excès d'acidité et l'aspirine est un acide très fort, comme toutes les vitamines. Prenez une petite cuillerée de gomasio. Les boissons macrobiotiques suivantes sont également très bonnes (171, 172, 176, 178, 184, 192a, 183, 257, 258, etc.).

Voyez également « Rhumes ».

Méningite : adoptez le régime n° 7 avec un peu de gomasio pendant un mois. Ensuite les régimes n° 6 et 5 avec des nitukés de n'importe quel légume.

Métrite, cancer de l'utérus : Suivre le régime n° 7 avec gomasio, syoyu (tamari). Boire le moins possible. Faire la préparation suivante :

Prendre un bol de terre (pas de porcelaine), le faire chauffer lentement, le casser, l'écraser en morceaux, moudre en poudre, mettre dans un bol et y verser du thé bouillant. Couvrir. Après avoir laissé refroidir, boire la partie supérieure du liquide une fois par jour (100 cc).

Prendre le gomasio à raison de 2 cuillerées à café par repas. Boire aussi (180).

Migraine : suivez le régime n° 7 ou n° 6 avec un peu de gomasio et la migraine passera en quelques jours.

Menstruations irrégulières : Prenez le régime n° 7, 6 ou 5 et du thé Mû. Buvez un peu moins. Prenez des bains de siège (243, 244, 254, 255, 256, 180, 192 c).

Myopie : la plupart des myopies sont causées par un agrandissement du diamètre de l'œil, ce qui est Yin ; quelques-unes sont provoquées par l'agrandissement du pouvoir de réfraction du cristallin, résultant d'excès de

Yin ou d'excès de Yang. La guérison est obtenue par l'adoption du régime macrobiotique qui entraîne un bon équilibre entre le Yin et le Yang.

Myxœdème : supprimer tous les produits animaux et adopter le régime n° 7 ou 6 avec gomasio (50), syoyu (tamari), (130, 142 bis, 177, 178).

Nausées matinales : aucune femme macrobiotique n'en souffre. Si les nausées sont fortes, prenez du thé Dragon (180).

Néphrite : voir « Maux de reins ».

Neurasthénie : régime n° 7 avec un peu de gomasio (192 a, 178, 172, 171, 176, 177, 177 bis, 156).

Névrites, névralgies, sciatiques : observer strictement le régime n° 7 et boire aussi peu que possible, et prendre 56, 144, 144 bis, 136, 170, 71). En usage externe : 238, 130, 142 bis.

Obésité : suivez le régime n° 7 avec 30 ou 60 grammes de radis crus et un peu de gomasio pendant un mois ou plus. Boire le moins possible.

Ostéite, ostéomyélite, tuberculose osseuse : suivre le régime n° 7 avec gomasio (50), tamari, tekka (156), kinpira (54, 136, 130, 142 bis). Compresses de gingembre (238) et emplâtre d'arbi (239).

Otite moyenne : adoptez strictement le régime n° 7. Si elle est très forte, prenez le n° 193 pendant quelques jours.

Ozène : régime n° 7 strict en buvant aussi peu que possible.

Paranoïa : cette variété de schizophrénie est fondamentalement très Yin avec des composants pathologiques Yang, ce qui provoque de la violence, de la cruauté et des colères homicides. Le régime n° 7 est recommandé sans préparations Yang.

Pellicules : voyez « Chute des cheveux ».

Peur : se traite comme l'épilepsie.

Péricardite : voir « Maladies de cœur ».

Périostite : prenez le régime n° 7 avec un peu de gomasio. Appliquez des compresses de gingembre et des emplâtres de Yucca quatre fois par jour. Prendre (136, 130 et 142 bis).

Péritonite. Entérite. Tuberculose intestinale : suivez le régime n° 7 avec quelques umebosis. Utilisez l'emplâtre (239) et des compresses de gingembre (238), contre les douleurs (246). Faire prendre (183).

Phlébite : suivre le régime n° 7 avec gomasio (50), syoyu (tamari), tekka (156, 130, 142 bis). Bains de siège (243 ou 244). Compresses de gingembre (238) et emplâtre d'arbi (239).

Pipi au lit : cessez de consommer les aliments riches en vitamine C et en potasse, phosphore et eau, tels que pommes de terre, aubergines, oranges, pamplemousses, etc., et suivez le régime n° 7 avec du gomasio. Cet inconvénient peut être guéri rapidement. Mangez une tomate, une pomme de terre, une orange ou n'importe quel entremets sucré après guérison et vous constaterez une rechute le lendemain matin.

Pneumonie : donner de la crème de riz (22 a et 192 a) avec un peu de gomasio ou de syoyu (tamari). Préparer (193 et 249). Donner à boire le moins possible. Faire des compresses de gingembre (238).

Polio : cette maladie est très Yin. Evitez tout ce qui est riche en vitamine C, en sucre, en potassium, en acide, les fruits et la salade. Le régime n° 7 avec un peu de gomasio et en buvant de moins en moins sera suffisant. Prenez des racines de bardane et faites des Kipiras (54) ainsi que tous les plats Yang (192 d, 144, 136, 71, 170, 156, 144 bis, 56).

Prolapsus : adoptez le régime n° 7 avec un peu de gomasio ; utilisez les compresses et les emplâtres (238 et 239).

Psoriasis : voir « Eczéma ».

Pyorrhée : régime n° 7 avec gomasio (1 à 3 cuillerées à café par repas), dentie (252) 3 fois par jour en application sur les gencives. Se laver la bouche à l'eau salée au sel marin grillé.

Rhumatisme : buvez de moins en moins et ne mangez que du riz grillé. Appliquez les deux remèdes (238 et 239). Prendre (192 d, 71, 193, 144, 156, 178, 55).

Rougeole : donner de la crème de riz (22 a et 192 a), du kuzu (183), 2 à 3 tasses par jour. Pas de soupes de radis, ni de fébrifuges, ni de nourriture Yin, ni de « tofu ».

Schizophrénie : ce mal, caractérisé par une séparation des processus mentaux et physiques, est Yin. Dans la plupart de ses manifestations, on constate un manque de Yang (force centripète) et une perte de conscience, avec un sentiment d'irréalité et l'impression que l'on se trouve en dehors de son corps, au-dessus de la terre. C'est la maladie la plus Yin des personnes à constitution faible, comme le cancer est la maladie la plus Yin des personnes à constitution forte. Suivez strictement le régime n° 7 pendant trois semaines au moins, avec du thé vert naturel et de la sauce de soja (syoban) et prenez des boissons Yang. (Voyez paranoïa).

Scorbut : cessez d'absorber des produits animaux. Suivre les régimes n° 7, 6 ou 5 avec persil (2 à 3 cuillerées à café par jour), radis noir (56, 143).

Sinusite : suivre le régime n° 7 avec gomasio (2 cuillerées à café pleines par repas). Manger de la racine de lotus : 50 gr. par jour, frite dans de l'huile de sésame. Boire (181, 182, 183, 184 bis).

Stérilité : suivez à la lettre le régime n° 7 pendant une quinzaine, puis ceux n° 6, 5 et 4 pendant quelques mois. Prenez un bain de siège très chaud (243 ou 244), un quart d'heure avant de vous coucher, ainsi que (254, 255, 256). Boire (180).

Syphilis : cette maladie est contagieuse seulement pour les constitutions Yin. Il est facile de la guérir, car le spirochète est très Yin, c'est-à-dire très faible et très vulnérable au sel. Essayez le régime n° 7 avec gomasio, syoyu (tamari) (156, 178).

Syringomyélie : suivre le régime n° 7 avec gomasio (50), syoyu (tamari), boire peu et prendre (56, 144, 144 bis, 136, 170, 171).

Tétanie : voir « Crampes ».

Tétanos : régime n° 7 avec gomasio, syoyu (tamari). Boire le moins possible. Faire les compresses (238).

Thromboartérite : régime n° 7 avec gomasio. Boire le moins possible (130, 142 bis, 238).

Torticolis : régime n° 7 ou 6. Compresses de gingembre (238).

Toux (y compris la coqueluche, la tuberculose et l'asthme) : prenez le n° 7 avec un peu de gomasio. Toutes les toux peuvent être guéries en quelques jours, y compris un asthme de 20 ans. Voyez aussi (180 et 182), ainsi que les suggestions générales (192 d, 184 bis, 157, 71, 193).

Trachome : suivez le régime n° 7 avec un peu de gomasio ; la crème de riz complet (22a), le tekka (156, et 157), les Kipiras (54) sont spécialement recommandés. Les remèdes externes (238 et 239) sont très bons, ainsi que (242 et 251).

Typhoïde : maladie typiquement Yin. Adopter le régime n° 7 avec gomasio. Boire peu. Faire des compresses de gingembre (238, 245, 246, 255). Prendre (183).

Varices : ce mal peut être guéri rapidement avec la nourriture macrobiotique normale en évitant tout ce qui est Yin. Un bain de siège d'un quart d'heure (243 ou 244), avant de se coucher est très bienfaisant pour les femmes. Préparer (130 et 142 bis). Si ulcérations faire (238 et 239).

Végétations adénoïdes : régime n° 7 avec gomasio, faire des compresses de gingembre sur la gorge 3 fois par jour.

Sclérose en plaques : suivre le régime n° 7 ou 6. Boire peu. Prendre le sel en quantité modérée. Préparer (56, 144, 144 bis, 130, 142 bis, 71, 136, 170). Traitement externe (238 et 239).

Zona : régime n° 7 avec gomasio, syoyu (tamari). Voir « Névrites ».

Les cas qui précédent ne sont que quelques exemples de traitement des maladies les plus communes par la macrobiotique. Vous devez apprendre à en traiter d'autres. Chacun doit être son propre docteur et vous pouvez l'être, comme le sont les animaux. Rien n'est impossible, vous pouvez dire à la montagne de se jeter dans la mer si vous avez une vraie foi ou une profonde compréhension de la philosophie orientale.

CHAPITRE XII

ALIMENT POUR NOURRISSONS

KOKKOH

Le lait de la maman influence toute la destinée de l'enfant. Biologiquement, le lait de vache ou de tout autre animal n'est pas destiné aux enfants de l'homme ; lorsque le lait naturel fait défaut, vous pouvez nourrir vos bébés avec du kokkoh (172), d'après le tableau ci-dessous. Ne les nourrissez pas trop : une faim modérée, un peu de soif et de froid pendant leur première année les rendront Yang et affermiront leur constitution et leur personnalité.

Diluez du kokkoh (voir recette n° 172) dans 10 à 15 fois son volume d'eau, suivant l'âge du bébé, et faites cuire à feu doux pendant 20 minutes. Ne mettez pas trop d'eau. Les quantités à employer sont moindres que celles du lait de vache.

Ne réveillez pas l'enfant pour le nourrir. Il vaut mieux passer un biberon lorsque le bébé n'a pas bon appétit.

Le kokkoh est recommandé à tous, également aux adultes au lieu de déjeuner, et l'on peut aussi en faire des gâteaux.

Au cours du 4ᵉ mois, ajoutez 5 à 10 grammes de purée d'oignons, de carottes, de cresson, etc.

Pendant le 5ᵉ mois, 10 à 50 % de cette alimentation peuvent être remplacés progressivement par du riz complet cuit dans 5 à 6 fois son volume d'eau. Ceci peut être poursuivi jusqu'au 9ᵉ mois.

Dans le 13ᵉ mois, donnez 150 grammes de riz complet, cuit dans 3 fois son volume d'eau, 30 à 40 grammes de légumes cuits dans un peu d'huile végétale et de sel, 2 à 3 tasses d'eau, du thé de riz ou du café Ohsawa.

Entre le 16ᵉ et le 24ᵉ mois, vous pouvez augmenter progressivement la quantité de riz et de légumes.

Age	Kokkoh	Eau	Nbre par jour	Quantité chaque fois	Quantité par jour
1 jour :	quelques cuillerées d'eau avec 0,5 % de sel				
2 »	10 gr.	100cc	3 à 5	10 cc	40 cc
3 »	»	»	5	20 cc	120 cc
4 »	»	»	»	30 cc	180 cc
5 »	»	»	»	40 cc	240 cc
6 »	»	»	»	40 cc	300 cc
7 »	»	»	»	60 cc	360 cc
8 »	»	»	»	70 cc	420 cc
9 »	»	»	»	80 cc	480 cc
10 »	»	»	»	90 cc	540 cc
1 mois	»	»	»	100 cc	600 cc
2 »	12 gr.	»	6	110 cc	660 cc
3 »	»	»	»	120 cc	720 cc
4 »	18 gr.	»	»	130 cc	780 cc
5 »	»	»	»	140 cc	840 cc
6 »	»	»	5	180 cc	900 cc
7 »	»	»	»	200 cc	1 000 cc
8 »	»	»	»	200 cc	1 000 cc
9 »	»	»	»	200 cc	1 000 cc
un an					

CHAPITRE XIII

QUELQUES IDÉES

1) Ne faites pas tremper vos légumes trop longtemps dans l'eau, qu'ils soient en morceaux ou non.

2) N'épluchez aucun légume.

3) Mangez autant de riz et autres céréales que vous voulez, mais mâchez-les bien.

4) Vous pouvez manger des céréales abîmées et décomposées sans aucun danger. Si elles sont décomposées, votre estomac vous en sera reconnaissant, car il n'aura pas besoin de les digérer ; la digestion étant une décomposition. Si le riz est couvert de moisissure, il sera absorbé très facilement.

5) Ne jetez pas un seul grain de riz, autrement vous commettez un crime dont vous seriez puni tôt ou tard. Si chacun en gaspillait un grain par repas, nous perdrions 2 600 millions de grains par repas, soit trois fois plus par jour, c'est-à-dire une quantité qui nous permettrait de nourrir un million de personnes.

6) Ne mangez pas d'habitude ce qui fuit ou proteste : les légumes, les algues, les coquillages ne se sauvent pas.

7) Ne prenez rien de chimique ou d'industriel, car ces produits rompent l'harmonie universelle.

8) Vous pouvez manger de tout suivant l'harmonie universelle, c'est-à-dire des fruits de saison, cultivés sans engrais chimiques, ni insecticides, etc. L'Ordre de l'Univers comporte une Justice absolue. Si la production des pommes dans le pays permet à chacun de n'en manger qu'une, ceux qui en mangent plus les volent au voisin, ce pourquoi ils seront tôt ou tard mis dans la geôle de la maladie.

LE SEL

Il y a quelque trente ans, le professeur Quinton, alors professeur à la Sorbonne, émit la théorie que tous les êtres vivants venaient de la mer. Son livre, *L'Eau de Mer*, est fort intéressant et sa théorie est acceptée par les hommes de science du monde entier. Son « Plasma de Quinton » se vend très bien depuis plus de trente ans, son Institut à Paris, son laboratoire et sa clinique sur l'Atlantique sont célèbres. Il forgea le mot « thalasso-thérapie » et recommanda l'usage du sel.

C'est pourquoi je suis extrêmement surpris de constater que la peur du sel, bien qu'elle ne soit basée sur aucune donnée scientifique, domine la médecine moderne. La fonction la plus importante de notre corps repose sur un bon équilibre entre le sodium et le potassium dans le sang et surtout dans le cerveau. De plus, l'homme a créé sa civilisation grâce à la découverte du feu et du sel, considéré comme le bien le plus précieux dans notre vie journalière depuis le commencement de l'histoire. Le « salaire » était en sel, Jésus dit que nous devons être « le sel de la terre ». Si votre sang manque de sel, vous souffrez d'acidose. De sorte que l'on peut se demander d'où provient cette peur du sel, sinon d'une longue superstition. (Lisez à ce sujet mon livre : *Jack et Mitie, les deux primitifs dans la jungle dite civilisation*).

Essayez de manger un peu de sel avec notre cuisine macrobiotique pendant 10 jours, ou même pendant une journée : vous verrez qu'il ne présente aucun danger, mais amène plutôt une amélioration si vous le prenez en quantités raisonnables.

MÉDECINE POPULAIRE

Vous avez une médecine populaire, comme nous avons la nôtre, vieille de 5 000 ans, mais la vôtre n'a pas de bases philosophiques ni logiques et elle est remplie de convictions personnelles qui n'ont pas été filtrées par la « sélection naturelle » de milliers d'années d'expérience. Ceci est extrêmement dangereux, surtout lorsque les ouvrages de « Médecine Populaire » se vendent bien et que leurs auteurs recommandent par exemple le mélange de miel et de vinaigre. L'auteur d'une de ces recettes préconise le vinaigre de pommes qui peut être absorbé dans de l'eau, mais pour être pleinement efficace, il faut le mélanger avec du miel afin, dit l'auteur, de « faire une combinaison Yin-Yang » (*Times* du 27 décembre 1959).

Quelle erreur ! Tout d'abord, le miel et le vinaigre sont très Yin, de sorte que cette mixture ne serait bonne que pour un petit nombre de personnes très Yang pendant un temps très court, mais elle serait fatale pour tous ceux qui souffrent de maladies Yin, c'est-à-dire qui ont une tension anormale, trop haute ou trop basse, des rhumatismes, la poliomyélite, la tuberculose, de l'arthrite, de l'asthme, un cancer, etc. Je suis sûr que cette alimentation sera abandonnée comme tous les médicaments nouveaux, mais, en attendant, combien verront leur mal empirer et mourront ?

Notre alimentation macrobiotique a nourri pendant des milliers d'années des millions de personnes. Elle a été formée par des expériences innombrables et ses plats et boissons sont non seulement de création empirique, mais s'accordent avec notre conception philosophique de l'univers. Enfin, j'ai choisi les meilleurs pour vous les indiquer.

Votre histoire

Si vous avez rétabli votre santé et si vous avez commencé à entrevoir de nouveaux horizons, écrivez-moi une courte histoire de votre vie. Il faut aussi que vous indiquiez à vos voisins, s'ils sont malades, la supériorité de la méthode macrobiotique pour retrouver la santé et le bonheur. Si vous ne le faites pas, cela veut dire que vous n'êtes pas complètement guéri et que vous êtes encore exclusif, antisocial, égoïste et que vous aurez des rechutes.

L'exclusivisme est le mal le plus difficile à guérir et l'origine de bien des malheurs, aussi faut-il que vous deveniez le genre d'homme qui ne peut détester personne. Aimer c'est donner et ne rien demander en échange, toute réciprocité est égoïste. Donner et donner toujours vous fait devenir créateur ; tout ce que vous possédez sera perdu tôt ou tard, et donner sans cesse, c'est placer ses biens dans la « banque illimitée de l'infini ».

Cette banque est en même temps une compagnie d'assurances qui peut vous garantir une vie infinie à l'encontre de ce que font les compagnies ordinaires. Ce que vous distribue cette banque comme prime, c'est la santé et le bonheur, en d'autres termes, les clés du Royaume des Cieux. Ces clés ne sont que la compréhension de l'harmonie universelle et de son Principe Unique qui, en macrobiotique, s'appellent l'art de la santé et de la régénération.

Parlez-moi de vos expériences, car elles encouragent d'autres personnes, c'est le premier pas dans la vie nouvelle qui est la vraie.

UNE GUERISON EN 10 HEURES

« Plus large est la face, plus large le dos ; plus violent le mal, plus rapide la guérison ».

M. E. a été guéri par la macrobiotique en 10 heures et non en 10 jours, d'une maladie étrange et violente.

M. E., écrivain de 52 ans, se trouvait profondément déprimé il y a trois ans, après avoir souffert d'ulcères du tube digestif pendant 10 ans. Il avait peur de tout, en particulier de voir du monde et il était extrêmement frileux (deux symptômes Yin). Sa femme, âgée de 45 ans, peintre, pesait plus de 90 kg. et était aussi extrêmement déprimée. Tous les deux attendaient la sombre fin d'une vie misérable.

Après avoir imparfaitement suivi mes conseils pendant quelques mois, Mme E. perdit 32 kg., sans médicaments ni traitement, et se trouva rajeunie de 20 ans. Auparavant elle était incapable de monter sans aide les 6 étages de son appartement et avait l'air d'avoir 70 ans. Elle devint élégante, charmante, pleine de joie de vivre.

M. E. changea considérablement, mais non complètement et n'eut plus peur de la vie.

Tous deux prirent assez de confiance pour abandonner leur métier et ouvrir le premier restaurant macrobiotique, au cœur de Paris, il y a trois ans, afin de propager la macrobiotique. Ils eurent un grand succès et trois autres restaurants macrobiotiques s'ouvrirent par la suite à Paris.

Toutefois, la guérison et le rajeunissement de M. E. n'étaient pas aussi nets que pour sa femme et je me demandais pourquoi. Comme il était un des plus enthousiastes de ceux qui avaient été guéris « miraculeusement » par la macrobiotique, je pensais que son rajeunissement se produirait aussi et que s'il était long à venir, c'est que son état était profond.

Le 14 octobre 1959, je fus réveillé par un coup de téléphone de Mme E. qui me dit que son mari était mourant. Je lui recommandai d'appeler un médecin puisque j'habitais en dehors de Paris et il n'y avait aucun train à 3 heures du matin. Le docteur conseilla le transport du malade à l'hôpital en vue d'une opération immédiate.

J'allai ensuite à l'hôpital avec ma femme où nous trouvâmes notre ami souffrant atrocement, malgré un traitement d'urgence. Je me demandai s'il y avait excès de Yin ou de Yang.

— C'est la déshydratation, me dit M. E.

Je pensais que la perforation intestinale dont se plaignait mon ami ne pouvait avoir été provoquée par une déshydratation ni par le sel qui, au contraire, guérissent tout ulcère, perforation ou saignement. J'étais en effet sous l'impression qu'il avait suivi le régime macrobiotique pendant 3 ans et qu'il ne pouvait en conséquence être malade, encore moins avoir une perforation.

Ma femme et moi remarquâmes que son abdomen était très enflé et sensible, ce qui me confirma que le mal était provoqué par un excès de facteurs Yin (expansion ou force centrifuge). Les docteurs de l'hôpital le firent passer aux rayons X et conclurent à la perforation.

— Vous n'avez jamais pris quoi que ce soit de très Yin ? demandai-je.

La réponse fut un « non » vigoureux.

Le lendemain je remis mon départ pour les Etats-Unis et vis Mme E.

— A-t-il mangé quelque chose récemment en dehors de votre restaurant ? lui demandai-je.

La réponse me surprit considérablement, car Mme E. me dit que son mari et elle avaient pris leur repas tous les samedis dans un grand restaurant chinois et je me souvins qu'ils nous avaient invités, ma femme et moi, le 10 octobre, dans ce même restaurant où il m'avait surpris en mangeant 3 fois plus que moi du riz blanc avec une sauce extrêmement Yin. Dans la plupart des restaurants chinois ou japonais de Paris, on ajoute à toute préparation un produit chimique, la glutamine, fabriquée à Hong-Kong sans contrôle gouvernemental, de sorte que toutes les sauces sont artificielles et très Yin. De plus, on y sert une quantité d'aliments riches en facteurs Yin (potassium, phosphore, soufre, acides aminés) tels que pousses de bambous, soja germé, fromage de soja, champignons, vermicelle, macaroni, etc. Si vous voulez, vérifiez ceci : donnez tous les jours 100 à 200 grammes de pousses de bambou ou de soja germé à un tuberculeux et il crachera vite du sang.

Cependant, cet excès de Yin peut être neutralisé par une autre nourriture, et surtout par un peu de sel. Etant donné que M. E. avait souffert d'ulcères pendant 10 ans, il était plus sensible à ces facteurs que sa femme. Il s'était amélioré ces dernières années, mais il avait nui à sa guérison en allant régulièrement au restaurant chinois. Il pensait rester fidèle à mes directives, car il croyait que la nourriture chinoise était la plus rapprochée de la macrobiotique ; son restaurant étant fermé tous les samedis, il se rendait à cet autre, tout proche.

Comme j'étais maintenant convaincu que le mal de M. E. était dû à un excès de Yin, je demandai à un de mes amis français, docteur en médecine, qui représente l'Association française des médecins dans les congrès internationaux, d'insister auprès des docteurs de l'hôpital pour qu'ils ne fassent pas d'opération et ne donnent à M. E. ni aliments, ni injections.

Finalement, l'opération eut lieu malgré tout le 20 octobre et après de nombreuses injections, les chirurgiens ne trouvèrent aucune perforation, mais seulement des cicatrices de vieux ulcères avec une fissure imperceptible du duodénum.

Le 21 octobre, malgré les traitements, les souffrances et l'enflure persistèrent ; il en fut de même les 22 et 23 octobre. On proposa à M. E. son premier repas depuis son hospitalisation ; purée de pommes de terre, viande, jus de fruits, café au lait sucré, que M. E. refusa, sachant que ces aliments, très Yin, aggraveraient son mal.

Le 24, on donna à M. E. un bol de cacao ou de chocolat, très riche en potassium, donc très Yin, et en phosphore, encore plus Yin que le potassium, ce qui augmenta tellement l'enflure et les souffrances de M. E. qu'il réclama la mort. Il accepta de venir chez moi, mais sa femme s'y opposa en raison de sa faiblesse. Un peu après, mon ami docteur me prévint qu'il me serait confié trois jours plus tard et que je devais le veiller particulièrement, son cas étant désespéré.

Le 2 novembre, Mme E. vint nous dire que son mari était trop faible pour être déplacé et qu'il ne pourrait venir chez nous que deux ou trois jours plus tard.

Ayant déjà remis deux fois mon départ pour les Etats-Unis où je devais faire une tournée de conférences, je déclarai que je ne pouvais plus attendre et que nous partirions le lendemain. Mais Mme E. insista tellement que je remis encore mon départ.

Le 4 novembre, M. E. arriva enfin chez nous et nous commençâmes à le traiter.

Le 5 novembre fut marqué par une légère amélioration due aux soins attentifs de ma femme, qui en était épuisée.

Le lendemain, les souffrances augmentèrent bien que depuis son arrivée, je me fusse efforcé de le débarrasser de tous les facteurs Yin qui s'étaient incrustés dans son organisme depuis si longtemps.

Je l'observai pendant une heure en pensant que j'avais enfin trouvé la maladie « incurable » que je cherchais vainement depuis 17 ans. Finalement je trouvai le remède.

— Mon cher ami, lui dis-je, prenez ces 10 umebosis (prunes japonaises conservées au sel) et avalez-les sans les mâcher.

Après en avoir avalé deux, il s'arrêta, incapable d'en prendre d'autres. Ayant absorbé très peu de liquides pendant 3 semaines, il était entièrement desséché. Avec un peu d'eau, il put en avaler encore quelques-unes.

Je revins dans la soirée, il en avait alors avalé sept.

Pendant mon absence, ma femme l'avait soigné et avait mis à contribution le pouvoir de guérison de ses mains. Il vomit quelque chose de noirâtre et émit une quantité de gaz, ce qui provoqua une certaine amélioration.

Je lui annonçai un grand nettoyage de son tube digestif dans les heures qui allaient suivre et lui dis de ne pas s'effrayer.

Pendant la nuit, vers les 2 heures, j'allai dans sa chambre et le trouvai, ainsi que sa femme, dormant paisiblement. Dans la salle de bains, je trouvai ses sous-vêtements et son pyjama couverts de tâches noires comme de l'encre. Il s'était enfin dégagé de son mal quelques heures auparavant.

A six heures du matin, je l'entendis rire à gorge déployée et je me demandai s'il n'était pas devenu fou, je courus à sa chambre et il me couvrit de remerciements pour sa guérison en ajoutant qu'il venait de bien dormir pour la première fois depuis trois semaines.

Le traitement macrobiotique avait agi en moins de 10 heures. Le malade continua d'émettre une quantité de gaz et son abdomen se dégonfla complètement.

Le 7 novembre, nous eûmes seize visiteurs à diner qui furent enchantés d'apprendre que M. E. avait été guéri et qui furent encore plus surpris de le voir arriver sans aide, car ils savaient qu'il avait été au plus mal.

La guérison de M. E. n'est qu'un des exemples les plus récents des milliers de celles accomplies en Europe pendant l'année 1959. Nous apprîmes une fois de plus que, plus large est la face, plus large le dos, plus grave le danger, plus grande la joie, plus violent le mal, plus rapide la guérison.

Une fois de plus, mes confrères belges et français assistèrent à l'étrange traitement de ma femme qui consiste à imposer les mains au malade afin de lui transmettre de l'énergie pour éliminer son mal. Elle détecte au toucher l'endroit atteint et soulage le malade par imposition des mains.

Toute personne macrobiotique peut en faire autant, l'efficacité du pouvoir de guérison par les mains varie avec le degré d'entraînement dans le régime. Si vous êtes bien entraîné, vous pourrez soulager et même guérir toute douleur, même sans en approcher la main et à des distances considérables. On comprend ainsi comment Jésus a pu guérir un si grand nombre de personnes sans traitement médical. Il n'y avait là rien de miraculeux car les miracles n'existent que pour ceux qui ont des yeux, mais ne voient point.

Je suis heureux et fier de cette réhabilitation de la médecine orientale. Je savais que M. E. ne souffrait pas d'une perforation intestinale, mais j'acceptai le diagnostic du médecin traitant, pensant que je pouvais me tromper, même jusqu'au 3e jour après l'opération, lorsque les docteurs lui donnèrent les aliments énumérés plus haut, accompagnés de Vitamine B, de produits chimiques et de viande.

Tous ces aliments peuvent retarder la guérison d'une maladie Yin et même l'aggraver, surtout un ulcère. Vous pouvez le prouver facilement en appliquant un morceau de sucre sur une petite coupure.

Des milliers de personnes à Paris et à Londres souffrent de cancer ou d'ulcères à l'estomac et ne peuvent être complètement guéries. Cela n'a rien que de très naturel, étant donnée l'énorme consommation de sucre, de café et de jus de fruits dans ces villes.

Il en est de même pour toutes les autres maladies Yin. L'homme est fait d'aliments produits par le milieu dont il est ainsi fonction et qui le rattachent à l'univers, où règne le principe Yin-Yang. Aussi est-il impossible de négliger ce principe, mais il ne semble pas que les docteurs occidentaux s'en préoccupent beaucoup.

Lao-Tseu dit que « nous pouvons voir le ciel sans regarder par la fenêtre et nous pouvons voir tout ce qui existe au monde sans sortir de chez nous ». Le ciel, d'après notre cosmologie, signifie le passé et le futur, c'est-à-dire l'univers infini, tandis que le monde est celui du présent et de la relativité. Je vis que M. E. n'avait pas de perforation sans ouvrir de fenêtre dans son abdomen, de même que je trouvai la vraie cause du mal qu'il traînait depuis 20 ans ou plus (c'est-à-dire le passé), ainsi que la thérapeutique à suivre (c'est-à-dire le futur), « sans sortir de chez moi ».

La méthode macrobiotique, qui consiste à rétablir notre équilibre biologique et physiologique sauva, en 10 heures, M. E. d'une souffrance intolérable et de la mort. J'avais l'habitude de dire que toute maladie, même considérée comme incurable, pouvait et devait être guérie en 10 jours, mais ceci ne veut pas dire que ce laps de temps soit nécessaire ; il peut être réduit à une minute, ou même à zéro. L'homme qui se porte bien toute sa vie se guérit à chaque instant de ses maladies, à la façon d'un acrobate sur une corde raide qui rétablit constamment l'équilibre entre son côté droit et son côté gauche, aspects de Yin et de Yang. Tous les êtres naissent avec le merveilleux pouvoir de conserver leur équilibre physiologique en toutes circonstances, internes ou externes, mais Satan aveugle l'homme et le fait tomber.

Supposons maintenant que M. E. ait pu m'attendre jusqu'au matin lorsqu'il fut saisi de son mal, il aurait pu être guéri en une heure et sa femme et ses amis auraient pensé que son cas n'était pas très grave. Personne ne sait que l'on peut mourir à chaque instant ; Bouddha disait que la mort nous visite 17 fois à chaque respiration.

Bien des personnes qui viennent me voir et suivent mes causeries ont abandonné la médecine officielle ou ont été abandonnées par elle après avoir été traitées pendant des années. Un petit nombre seulement apprécie la valeur de la philosophie extrême-orientale, mais la plupart n'ont pas de foi ou ignorent la gratitude. Elles ne savent pas que la reconnaissance procure le bonheur, de sorte qu'elles ne méritent pas le Royaume de la Liberté infinie, du Bonheur éternel et de la Justice absolue. Et c'est pourquoi elles ne peuvent avoir un joyeux Noël et un heureux Nouvel An tous les jours de l'année. Elles préfèrent vivre de travail forcé, de plaisirs faux, de « papier-monnaie » et de bonheur éphémère.

Si vous êtes malheureux, s'il y a une chose, aussi insignifiante soit-elle, qui est indésirable et désagréable dans votre vie, cela est dû à votre ignorance de la merveilleuse harmonie de l'univers.

CERTIFICAT DE DÉCÈS PRO-FORMA DE L'EMPIRE MONDIAL DE LA DYNASTIE AMÉRICAINE DE L'OR

La civilisation moderne, représentée par le plus grand dinosaure de notre temps, l'empire mondial américain, est dans les affres de la mort. Cette destinée résulte d'une conception du monde, qui est analytique, mécanique et mesquine.

Cette dernière scène de la Dynastie de l'Or, comme Alexis Carrel l'avait entrevu, il y a vingt-cinq ans, est bien plus dramatique et grandiose que celle de la fin de l'Empire Romain.

Le pragmatisme américain a été fabriqué par des penseurs éminents, mais plus ou moins exclusifs, comme William James, John Dewey et Mortimer Adler. Ce dernier était tellement exclusif qu'il baptisa son Sinto-picon une « Encyclopédie des définitions du monde », en omettant tous les grands penseurs de l'Orient. A cette époque, je lui écrivis que son ouvrage n'était qu'une demi-encyclopédie.

Le monde occidental se désagrège à cause de son manque de prévoyance et de son refus de tenir compte de l'histoire des civilisations passées.

A notre époque cruciale, il est de notre devoir d'offrir aux Américains notre bien le plus précieux, notre trésor de 5 000 ans, car nous devons beaucoup à la civilisation occidentale depuis la visite de l'Amiral Perry, le premier Américain qui débarqua au Japon il y a juste 100 ans. Ce trésor ancestral, le seul et unique principe de liberté, de santé, de bonheur et de paix mondiale, le Yin-Yang, est tout le contraire de celui de la philosophie occidentale. Alors que l'esprit occidental est matérialiste et analytique, le nôtre, qui inspire notre science et notre technique, est dialectique, panoramique, contemplatif et universel... On l'appelle « Satori » ou « Voie du Zen », Bouddhisme, Mahayana, Taoïsme, Shintoïsme, Vedanta, etc.

L'introduction en Occident de cette conception de la vie, avec ses techniques particulières en biologie, appe-lées macrobiotiques, produira certainement des résultats très intéressants. C'est le point de contact de deux civili-sations dont la rencontre pourrait en créer une nouvelle.

MES CONFÉRENCES AUX ÉTATS-UNIS

Dès mon arrrivée aux Etats-Unis, en novembre 1959, je commençai mes conférences sur la philosophie et la médecine d'Extrême-Orient, à Los Angeles, San-

Francisco, mais surtout à New York. Beaucoup, parmi
ceux qui assistèrent à mes causeries, guérirent de maladies « incurables » telles que : arthrite de 20 ans, cancer
de la prostate, hypertension, hypotension, maladies mentales, etc., ceci sans aucun médicament, mais uniquement
en suivant la macrobiotique.

C'est grâce à elle que les peuples d'Asie vécurent des
milliers d'années sans malheurs et sans guerres, jusqu'au
moment où arriva la civilisation occidentale, avec ses
conflits, son impérialisme et sa colonisation.

J'ai été heureux de constater que le mariage entre la
philosophie paradoxale de l'Orient et les techniques
matérialistes de la science américaine doit amener la
Liberté infinie de l'homme et la paix mondiale.

Examinons maintenant le déclin dramatique de
l'empire américain.

LE DÉSESPOIR DES DOCTEURS AMERICAINS
SELON LE *TIMES* DU 7 MARS 1960

D'après le Dr W. Coda Martin, ancien chef de clinique
à l'hôpital métropolitain de New York, il existe actuellement aux Etats-Unis 88 954 534 malades incurables ; ce
docteur ajoute que, non seulement la moitié de la population est incurable, mais seuls les 13 % du restant sont
exempts de défauts physiques. Voici le tableau de cette
situation :

Troubles allergiques	20 000 000
Maladies du système nerveux	15 000 000
Psychoses	16 000 000
Artériosclérose et maladies de cœur	10 000 000
Enfants arriérés (il en naît tous les quarts d'heure)	3 à 5 000 000

Ulcères de l'estomac et du duodénum	8 500 000
Cancers	700 000
Dyatrophies	100 000
Tuberculose (100 000 nouveaux cas par an)	400 000
Scléroses multiples	250 000
Paralysies cérébrales	180 000
Visions défectueuses	10 800 000
Surdités	10 000 000
Stérilités	15 000 000
Obésités	82 000 000
Alcooliques	4 000 000
Enfants délinquants	2 000 000

L'autopsie de 200 soldats américains tués en Corée, a montré qu'environ 80 % d'entre eux souffraient de maladies de cœur, comparées à la peste noire du Moyen Age.

Tous les ans, 230 000 hommes et 130 000 femme en meurent et environ un million en subissent les attaques. Le Dr Paul White, qui soigna le Président Eisenhower, et le Dr Joliffe firent savoir au Congrès, en 1956, que les Etats-Unis sont un des pays où les maladies de cœur sévissent le plus.

Le Président Eisenhower déclara au Congrès, en 1954, que 25 millions d'Américains étaient condamnés à mourir du Cancer, à moins que l'on y trouve un remède. D'après la Compagnie d'Assurance Métropolitaine, la leucémie et le cancer du poumon sont les maladies les plus courantes, la première étant la cause de la moitié de la mortalité des enfants au-dessous de quinze ans.

Le cancer du poumon, selon les statistiques de cette compagnie, est responsable de 30 % de la mortalité par cancer chez les hommes de 55 à 64 ans, c'està-dire trois fois celle que provoque le cancer de l'estomac qui vient aussitôt après. C'est le contraire au Japon, où prime le cancer de l'estomac. Le cancer du poumon est plus Yin et le cancer de l'estomac est plus Yang. Le tueur américain est provoqué par des causes plus terribles que celles du tueur japonais : la nourriture chimique et la pharmacie.

Les cas de cancer insoupçonnés parmi les Américains sont révélés par le nombre des taches sur la peau des personnes apparemment saines. L'examen à New York, en 1958, de 491 hommes ayant l'air sain fit découvrir 6 cancéreux et 36 porteurs de lésions pouvant provoquer ce mal ; parmi ces 42 malades, un seul présentait des symptômes suffisants pour l'inciter à consulter un docteur.

La même année, un autre examen à New York révéla 18 cancéreux parmi 297 maris et 290 femmes. Les hommes comptaient 12 cancéreux, 89 états précancéreux et 95 tumeurs bénignes. Parmi les femmes, on trouva 6 cancéreuses et 147 conditions précancéreuses, dont 119 touchaient la poitrine et les organes génitaux, elles comptaient également 80 tumeurs bénignes précancéreuses. C'est-à-dire plus de 80 % des hommes et des femmes sont dévorés par le mal sans le savoir. Ce fait est plus incroyable qu'un roman. Si les 60 ou 80 % de votre corps étaient en feu sans que vous vous en doutiez, ni sachiez pourquoi, ni comment y échapper, vous n'auriez pas besoin d'avoir peur d'aller en enfer, vous y seriez déjà, tout en vous trouvant satisfait de votre confort, de vos médicaments, de votre assurance sur la vie et même peut-être du mal aussi.

Le tableau général de la santé de la nation est encore plus sombre : un Américain sur dix passe une partie de sa vie dans un asile d'aliénés et, d'après M. Gorman, directeur du Comité Exécutif chargé des maladies mentales, cette proportion augmente tous les jours. Le monopole de la médecine officielle est protégé par l'Etat et ses lois, malgré sa complète ignorance de ce qui est nécessaire à la santé, à la vie et au bonheur et malgré son incapacité totale d'empêcher ces maladies.

Mais d'autres maux chroniques sévissent au Etats-Unis. D'après l'Institut National de la Santé, plus de 100 millions d'Américains sont atteints de troubles respiratoires pendant l'hiver. Savez-vous qu'aucun animal sauvage ne souffre de ces maux pendant les sévères mois de froidure ? Pendant les quatre mois de 1959-1960 que j'ai passés en Amérique, je n'ai jamais vu de daims, de moineaux, de poissons, dans les forêts ou dans les rivières, avoir un rhume. Bien au contraire, ils semblent à l'aise dans le froid, sans chauffage, ni pardessus coûteux. Moins ils ont de nourriture et de chaleur, plus ils deviennent beaux. Les civilisés ont perdu cette adaptabilité, c'est-à-dire la liberté infinie, qui est remplacée, secrètement ou inconsciemment, par une liberté conditionnée, celle-ci dépendant surtout de la satisfaction des sens. La liberté des esclaves ou des prisonniers a en effet des noms magnifiques comme « le confort », « le plaisir » ou « standard élevé de vie ». Cet aveuglement est le plus grand crime de la démocratie moderne et de la civilisation mécanique. Ce crime est augmenté considérablement, et à une vitesse accrue, par la cybernétique et l'automation.

COMBIEN COÛTE LA MORT D'UNE CIVILISATION ?

Chaque Américain dépense par an 300 dollars en médicaments, soit, au total, pour les Etats-Unis, 54 000 millions de dollars. De plus, des fortunes sont dépensées

tous les ans en remèdes consommés par tonnes, pour combattre l'insomnie et la douleur, soit :
– Aspirine, 7 500 tonnes ;
– Somnifères, somme équivalente à 100 millions de dollars.

La perte de temps et d'argent peut être estimée par les chiffres suivants :
– Courtes absences pour maladies, 5 milliards de dollars ;
– Absences prolongées, 1 777 milliards de dollars ;
– Dépenses budgétaires pour la santé, 2,5 milliards de dollars.

Il faut y ajouter les sommes considérables dépensées en recherches sur le cancer.

D'autre part, des sommes énormes sont consacrées à la fabrication de bombes atomique et à hydrogène, instruments pour tuer directement la civilisation et les individus, aussi bien que pour produire des aliments et des boissons cancérigènes.

Tel est le prix de la destruction de l'empire mondial américain, et ceci est dû au fait que le jugement américain est complètement éclipsé par l'ignorance totale de la Constitution de l'Univers ou du Royaume des Cieux et de sa Justice unique. C'est pourquoi les plus grands responsables du déclin de cette civilisation sont les maîtres de la religion et de l'éducation d'une part, les maîtres de la médecine d'autre part.

La vraie cause de la maladie, du malheur et de la guerre

D'après notre philosophie, il n'y a qu'une cause à tous nos maux : l'ignorance de la Constitution de l'Univers et de son Principe Unique. En pratiquant cette philosophie, nous pouvons guérir toutes les maladies nous-mêmes, sans médicaments ni opération. Il suffit que nous nous alimentions conformément à l'Ordre de l'Univers.

C'est la négligence de cet Ordre et notre conduite irréfléchie dans la vie courante qui sont responsables de tous nos malheurs. Notre conduite est le résultat de notre jugement, lequel est obscurci par une façon déraisonnable de manger et de boire.

Quant à la guerre, elle est le résultat de quatre facteurs :

1) La rencontre de deux gouvernements ignorant la Constitution de l'Univers.

2) Des peuples ignorant cette Constitution.

3) L'existence de machines à tuer qui ne sont rien d'autres que des matérialisations de la peur.

4) La confiance ou la foi dans la violence qui caractérise ceux qui ignorent tout de l'Ordre de l'Univers.

En résumé, ces facteurs sont nés de la même ignorance.

D'après notre conception de la santé et du bonheur, il faut apprendre avant tout à vivre une vie saine, joyeuse et pacifique en suivant strictement les lois de la nature dans notre alimentation, ce qui a comme conséquence de créer des foyers heureux où règne la santé. Enfin, nous devons traiter les autres selon la même loi. Si chacun appliquait cette unique règle, à chaque instant et en toutes circonstances, la paix mondiale serait réalisée automatiquement sans réformes sociales, ni révolutions sanglantes.

L'ÉDUCATION PROFESSIONNELLE ET LA RELIGION

D'après ce que j'ai pu observer pendant mon hiver aux Etats-Unis, le tableau de l'état sanitaire y est plus sombre que ne l'indiquaient les statistiques. Je n'ai jamais rencontré d'enfant ou de jeune garçon dans le métro, dans la rue ou dans une université qui méritât 60 points sur 100 d'après les règles de santé données plus haut.

Pour ce qui est du jugement, l'Américain moyen est à peu près nul. Il n'est absolument pas habitué à penser, mais à recourir au système : « pressez le bouton et je ferai le reste ». De plus, les Américains sont élevés d'une façon trop pragmatique et trop encyclopédique, c'est-à-dire qu'ils sont entraînés pour devenir de bons professionnels, des hommes-machines ou des esclaves. Pascal dit que l'homme est un roseau pensant ; s'il se trouvait aujourd'hui aux Etats-Unis, il trouverait que l'homme est une vache sans pensée, la vache étant née pour être exploitée sans connaître la liberté dont jouissent les animaux sauvages. Je n'ai jamais été si surpris qu'aux Etats-Unis de trouver tant de gens qui ne peuvent réfléchir ni juger par eux-mêmes. Ils ont des yeux et des oreilles, mais ne peuvent ni voir ni entendre, bien qu'ils soient extrêmement soupçonneux. Ils connaissent un monde limité et éphémère, où rien n'est stable, où il n'existe aucune justice permanente, ni liberté ni bonheur, mais ils ignorent ou refusent de connaître notre Mère, la Nature, absolue et éternelle. Ils ont même peur du mot « infinité ».

Ils fréquentent les églises et les temples de leur pays matérialiste et scientifique bien plus assidûment que ne le font des peuples très religieux comme les Hindous, ce qui est bien contradictoire. A quoi sert à des gens qui veulent ignorer l'Infini et qui sont si attachés au monde relatif, d'aller au temple ou à l'église ?

Leur religion, comme toutes les autres, prêche « aimez vos ennemis, abandonnez vos possessions, tendez l'autre joue... ». Mais je n'ai jamais rencontré qui que ce soit aux Etats-Unis qui appliquât ces principes. Au contraire, la loi, qui représente la plus grande violence, attaque sérieusement les ennemis de la société, plutôt qu'elle ne les aime, surtout les plus pauvres. L'ennemi riche échappe à la loi au moyen de son arme privée : l'argent. Des gangsters sont quelquefois tués, mais en réalité les vrais criminels sont les éducateurs qui ne sont jamais tués ni même punis.

Il en est de même en médecine. On attaque les microbes, les virus et autres ennemis, sans se demander pourquoi Dieu les a créés, ni pourquoi certains hommes en sont atteints et d'autres pas.

Il en est de même pour l'industrie de guerre, conduite au nom de la Justice, de la Paix et de la Liberté ! Est-ce que la Justice peut être destructrice, la Paix sanglante et la Liberté conquise par la violence ?

Bertrand Russell déclare que nous vivons dans un monde de folie et, d'après ce vieux philosophe anglais, tout le malheur et toute la misère de l'empire de l'or du XXᵉ siècle sont dus à la religion faussée, à l'éducation professionnelle et à l'absence de règles alimentaires.

Ne croyez surtout pas que je sois l'ennemi de cet empire mondial, bien au contraire, je l'aime et je l'admire, ma philosophie embrasse tout et ne rejette rien. Je m'efforce d'unifier, d'agir en médiateur et de supprimer les antagonismes. La civilisation occidentale n'a rien à abandonner, elle peut continuer son chemin, mais en revisant ses jugements et son mode de vie ; c'est pourquoi je lui recommande la philosophie de l'Orient.

DERNIER CRI DE DESESPOIR DE LA MÉDECINE

« Tout royaume divisé contre lui-même périra et toute ville ou maison divisée contre elle-même s'écroulera ».

Le magazine *Times*, du 7 mars 1960, contient un article intitulé « Le spécialiste limité » qui confirme mes observations sur l'hygiène et la médecine aux Etats-Unis.

Plus la médecine progresse, plus elle se spécialise. Il y a maintenant tant de spécialistes et de sous-spécialistes aux Etats-Unis que les malades ne peuvent s'y retrouver et les spécialistes non plus. Une enquête auprès de 1 081 docteurs révéla que 90 % d'entre eux avaient des doutes sur l'étendue de leur compétence et ignoraient où ils devaient la limiter.

« Bien que la plupart des spécialistes soient d'accord pour estimer que quelque chose doit être tenté pour leur tranquillité d'esprit et pour le bien des malades, ils offrent peu de suggestions constructives. Plus caractéristique encore est la plainte : « Qui va commencer à douter et dira le premier "Dieu seul le sait ?" ». A cela, ni les spécialistes, ni « les malades n'ont pu répondre ».

Cette plainte concrétise le désespoir de la médecine occidentale, dont les spécialistes sont les plus avancés en analyse. La médecine sans spécialistes est un paon sans plumes et nous arrivons ainsi à l'impasse des méthodes analytiques.

La vie n'est pas analytique, la santé, avec la justice, la liberté et le bonheur, sont essentiellement créateurs.

Cette plainte de la médecine spécialisée est l'honnête confession que la médecine officielle, qui a meurtri et tué ceux qui ont édifié une civilisation aussi brillante que l'empire mondial américain, est morte. Les dernières paroles d'un mourant sont toujours honnêtes et vraies. Les mots : « Dieu seul le sait », sont très justes et personne, parmi les malades ou les médecins, ne saurait y contredire. Toutefois, quelques centaines d'Américains peuvent répondre en toute confiance qu'ils connaissent la médecine divine, ce sont ceux qui ont suivi mes conférences et ont vu les merveilleuses guérisons obtenues par une alimentation bien équilibrée et sans médicaments.

Selon ma médecine, seul le malade peut se rendre la santé, de même que la liberté, la justice et le bonheur ne peuvent être donnés par les autres. S'ils le sont, ils créent une dette à vie. Tous ceux qui peuvent voir, entendre et penser en ont profité depuis des billions d'années et c'est par elle que les animaux ont une vie si heureuse. Ma médecine ne détruit pas les symptômes mais enseigne le bonheur et la justice d'une façon si simple et si pratique que chacun peut l'appliquer en toutes circonstances.

Je n'ai été toute ma vie qu'un simple commentateur de l'ancienne philosophie orientale, aussi vous pouvez vous imaginer combien je serais heureux si je pouvais réunir l'Extrême-Occident et l'Extrême-Orient, dont le mariage peut seul assurer la paix mondiale en même temps que la liberté infinie.

LA RÉVOLUTION MÉDICALE
DANS LA CHINE DE MAO-TSÉ-TUNG

D'après le *New York Times Magazine* du 28 février 1960, la Chine de Mao-Tsé-Tung accomplit une nouvelle révolution, dans le domaine médical cette fois, qui sera probablement la première et la dernière de l'histoire.

L'auteur de l'article, Peggy Durdin, expose que 70 000
médecins, qui pratiquaient selon les méthodes occidentales, ont reçu l'ordre d'apprendre la médecine traditionnelle chinoise, exercée par 500 000 praticiens.

Les peuples d'Orient ont accepté la médecine occidentale pendant le XIX e siècle et leurs gouvernements ont
autorisé les praticiens traditionnels à l'exercer. Aucun
gouvernement occidental ne peut témoigner d'une tolérance semblable. Les Occidentaux ont importé une seule
chose de l'Orient : le Christianisme, il y a 18 siècles, mais
depuis ils ont fermé leurs portes à toute philosophie
asiatique. Par contre, ils ont pris tout ce qui pouvait leur
procurer confort et plaisir : or, argent, diamants, mine-
rais, pétrole, épices, indigo, parfums, etc. Des pays
d'Europe ont bâti leurs empires grâce à leurs colonies,
mais en reniant leur foi chrétienne.

Les peuples d'Orient ont abandonné leurs richesses et
même leurs terres ancestrales, pratiquant ainsi la non
résistance au mal et tendant l'autre joue. S'ils se révoltent
maintenant contre l'Occident, c'est conformément aux
doctrines occidentales, ou parce qu'ils sont fatigués de
l'hypocrisie chrétienne. Ils considèrent la religion chrétienne de l'Ouest comme une fille chérie, mais qui fut
emmenée en servitude et mutilée.

Il en est de même pour la médecine.

Tout change dans ce monde relatif, même le monopole
et l'autorité. Rien n'est définitif, ni stable, tout ce qui a un
recto a un verso, un bon, un mauvais côté, tout ce qui a
un commencement a une fin, plus la face est grande, plus
l'envers est large. Rien n'existe qui ne soit Yin et Yang.
Seuls ces principes universels sont vrais. Un des fonda-
teurs des Etats-Unis a prohibé le monopole des médicaments ; je lui rends hommage en espérant que sa largeur

de vue prévaudra encore, car la médecine d'aujourd'hui est beaucoup trop monopolisée, c'est presque une dictature, et elle est dépourvue de sens critique.

LA MÉDECINE « DIEU SEUL LE SAIT »

Si Adler n'avait pas été aussi exclusif et s'il avait compilé un « Sintopicon » complet, en y ajoutant la philosophie orientale, au lieu de faire une semi-encyclopédie, les docteurs américains pourraient y trouver la solution de leurs conflits au sujet de la médecine « Dieu seul le sait ».

Adler et ses collaborateurs ignoraient que tous les grands penseurs de l'Orient étaient avant tout des maîtres qui comprenaient et enseignaient que la voie du bonheur est la santé. Sa conception de l'univers n'était pas complète et n'avait pas de portée pratique, alors que toutes les grandes religions et philosophies asiatiques harmonisaient leur médecine avec l'Ordre universel.

Malheureusement, la mentalité et la philosophie de l'Orient restent étrangères aux savants du monde occidental. Lévy-Bruhl par exemple, ancien président de la Société Philosophique de France, dans ses quatre principaux ouvrages, qualifie de « primitive » la mentalité orientale et sa conception de l'univers, taudis que le Dr Schweitzer a témoigné d'une vue aussi étroite dans ses « Grands penseurs de l'Inde ».

Le cri désespéré des médecins officiels ne me laisse pas indifférent. J'ai vécu 67 ans dans le climat philosophique de l'Orient et j'ai eu la vie sauve parce que les médecins occidentaux m'ont fort heureusement abandonné, me faisant éviter ainsi la fin tragique de ma famille : ma mère mourut à 30 ans, deux de mes sœurs avant 10 ans et mon jeune frère à 16 ans, ils avaient été traités par la médecine occidentale. Je fus sauvé par la vieille médecine orientale qui avait été abolie par le gouvernement sous l'influence de la civilisation occidentale.

Lorsque j'échappai à cette tragédie, je décidai de consacrer le reste de ma vie à cette médecine ancestrale. Avant mon 60ᵉ anniversaire, je n'avais quitté le Japon que pour quelques jours à peine ; par la suite, je passai deux ans aux Indes, un dans la jungle africaine, la plupart du temps à l'hôpital du Dr Schweitzer, et cinq en Europe, à enseigner la santé et le bonheur par une alimentation basée sur la conception orientale de la vie. Je fis des milliers d'amis en Europe où des restaurants et cliniques macrobiotiques furent ouverts. Des centaines de magasins vendent des produits naturels conformes à la doctrine macrobiotique. En Belgique, une grosse firme et une usine produisent des aliments tels que le café auquel j'ai donné mon nom, (fait de céréales), du lait de céréales en poudre, du pain Ohsawa, du riz complet Yang, du Potimarron (potiron qui peut guérir un diabétique en 10 jours), des Azukis, petits haricots excellents contre les maux de reins, du lotus, qui guérit en une semaine ou deux les asthmatiques les plus désespérés et aussi de la sauce Ohsawa, dite Tamari, fabriquée selon la méthode traditionnelle.

Dans un de mes cours aux Etats-Unis sur la philosophie orientale, je déclarai à mes auditeurs qu'après avoir expérimenté les bienfaits de cette doctrine, qui procure santé et bonheur, ils étaient capables d'envisager la vie d'un regard nouveau et de répondre au cri de désespoir de leurs médecins. En ce faisant, ils pouvaient procurer une économie de 54 000 millions de dollars par an à la population et ce chiffre énorme pouvait être atteint en utilisant à plein les aptitudes particulières des Américains en matière d'organisation. Ce serait la première révolution biologique de l'histoire.

J'espère qu'ils ne resteront pas exclusifs et satisfaits d'avoir été guéris de maux dont ils souffraient depuis si longtemps tandis que d'autres en souffrent encore, mais qu'ils feront de leur mieux pour enseigner la macrobiotique et sa philosophie qui fut jadis la base de l'enseignement de Moïse et de Jésus.

Le Christianisme a été importé d'Orient, non sans difficultés, du reste ; mais il est maintenant périmé, symbolique et impraticable dans notre vie journalière. Il faut composer une nouvelle formule, d'ordre biologique et pratique, de la conception chrétienne de l'univers telle que nous l'offre la macrobiotique. Voilà la vraie portée de la rencontre de l'Orient et de l'Occident.

MA PROPHÉTIE

Si l'on comprenait mieux la mentalité orientale et sa philosophie, les guerres ne seraient plus nécessaires et commencerait pour l'homme une nouvelle civilisation qui durerait au moins deux mille ans.

Il peut paraître bien téméraire ou imprudent de ma part de faire une semblable annonce, mais je puis me baser sur certains précédents. En effet, dix mois avant Pearl Harbour, je publiai les trois livres suivants :

1) Sur la ligne du front de la santé des Nations.
2) Le dernier et l'éternel vainqueur.
3) L'ennemi qui détruit le Japon.

J'annonçai dans ces livres la fin tragique de Gandhi, la fin de la colonisation britannique aux Indes, la défaite complète du Japon, pour la première fois en 2 600 ans, et la chute de l'Empire de l'or américain. Les deux premières prévisions se réalisèrent cinq ans plus tard, la troisième six ans après et la quatrième dix-sept ans plus tard par les maladies pandémiques, mentales et physiques.

Pendant ces dernières 47 années, j'ai fait de nombreuses prophéties sur des questions individuelles, sociales ou internationales et, à ma stupéfaction, presque toutes se réalisèrent. Ma double vue n'est pas une divination mystique ou métaphysique, mais une prévision d'ordre biologique. Vous pouvez en faire autant et changer votre destinée. Vous pouvez donner naissance à une nouvelle civilisation ou vous pouvez créer l'enfer sur la terre.

INDEX DES ALIMENTS

I. *Les principaux aliments* :

Millet et autres céréales, 68
Sarrasin, 65
Riz, 61

II. *Les aliments secondaires* :

Aemonos (salade), 86
Algues-Konbu, 88
Hiziki, 89
Azuki, 85
Boissons, 50, 95
Chapati, 80
Haricots, 82
Jinenjos, 81
Légumes sauvages, 87
Maïs, 84
Nitukés, 71
Pâtés, 76

Plats divers, 74
Pois chiches, 81
Potages, 73
Préparation au Miso et au Soja, 91
Raviolis, 79
Sauces, 94
Tartes, 89
Variétés, 86

III. *Plats spéciaux* :

Desserts, 113
Poissons, 48, 106
Viandes, 49, 103

IV. *Aliments pour nourrissons* :

Kokkoh, 151

INDEX

Régimes curatifs applicables aux maladies les plus communes

Abcès, 128
Addison, 128
Agalactie, 136
Anémie, 120
Anévrisme, 128
Apoplexie, 128
Appendicite, 128
Arthrite, 129
Asthme, 149
Astigmatisme, 129
Athérosclérose, 129, 143
Atonie gastrique, 129

Blessures, 120
Brûlures, 129

Calvitie, 130
Cancer, 129, 141, 144
Cancer de l'utérus, 144
Cataracte, 130
Cécité colorée, 130
Cécité nocturne, 130
Chute de cheveux, 130
Congestion, 131
Conjonctivite, 131
Constipation, 131
Coqueluche, 120, 149
Crampes, 132
Cystite, 132

Décalcification, 132
Décollement de la rétine, 132
Diabète, 132
Diarrhée, 119, 133
Diarrhée des enfants, 133
Dysenterie, 119, 120, 133

Eczéma, 120, 134
Eléphantiasis, 134
Engelures, 134
Entérite, 146
Epilepsie, 134

Faiblesse générale, 120
Fièvre, 119

Gaz intestinaux, 135
Glaucome, 134
Goutte, 135

Hémophilie, 135
Hémorragie, 135
Hémorroïdes, 88
Hépatite, 140
Hernie, 136
Hydrocèle, 88
Hyperinsulinisme, 136
Hypermétropie, 136
Hypertension, 169
Hypogalactie, 136

Hypotension, 169
Inflammation, 119
Influenza, 136
Impuissance, 136
Insomnie, 140

Jaunisse, 140

Kératodermie, 141

Lèpre, 141
Leucémie, 141
Leucodermie, 141
Leucorrhée, 141

Maladies de cœur, 142
Mal de Basedow, 142
Mal de l'air, 141
Mal de Parkinson, 142
Manque d'appétit, 143
Mauvaise circulation, 143
Maux de dents, 143
Maux d'estomac, 143
Maux de reins, 143
Maux de tête, 143
Méningite, 144
Menstruations irrégulières, 144
Métrite, 144
Migraine, 144
Myopie, 144
Myxœdème, 145

Nausées matinales, 145
Néphrite, 145
Neurasthénie, 145
Névrites-Névralgies, 145

Obésité, 145
Ostéite, 145
Ostéomyélite, 145
Otite moyenne, 145

Ozène, 145

Paralysie, 120
Paranoïa, 145
Parasites intestinaux, 120
Pellicules, 130, 146
Péricardite, 146
Péritonite, 146
Peur, 146
Phlébite, 146
Pipi au lit, 146
Pneumonie, 146
Polio, 147
Prolapsus, 147
Psoriasis, 147
Pyorrhée, 147

Rhumatisme, 147
Rhume, 120
Rougeole, 147

Schizophrénie, 147
Sciatique, 145
Sclérose en plaque, 149
Scorbut, 148
Sinusite, 148
Stérilité, 148
Syphilis, 148
Syringomyélie, 148

Tétanie, 148
Tétanos, 148
Thromboartérite, 148
Torticolis, 149
Tuberculose, 145, 146, 149
Typhoïde, 149

Varices, 149
Verrues, 141
Végétations adénoïdes, 149

Zona, 149

TABLE DES MATIÈRES

PRÉFACE 7

AVANT-PROPOS 13

CHAPITRE I : La Macrobiotique et la médecine
   d'Orient 17
CHAPITRE II : Ma thérapeutique 23
CHAPITRE III : Les sept conditions de la santé
   et du bonheur 29
CHAPITRE IV : Avec la foi, rien n'est impossible 39
CHAPITRE V : Ying et Yang 45
CHAPITRE VI : Ma cuisine macrobiotique ou les
   dix façons de s'alimenter convenablement 53
CHAPITRE VII : Les principaux aliments 59
CHAPITRE VIII : Les aliments secondaires 71
CHAPITRE IX : Plats spéciaux 103
CHAPITRE X : Suggestions pour quelques maladies 119
CHAPITRE XI : Régimes curatifs 127
CHAPITRE XII : Aliment pour nourrissons 151
CHAPITRE XIII : Quelque idées 153

APPENDICE 159
INDEX DES ALIMENTS 185
INDEX 187

TABLE DES MATIÈRES 189

Quelques Centres Macrobiotiques dans le monde

Allemagne	Macrobiotic Center of Berlin, Schustherusstr, 26 – 10585 BERLIN-CHARLOTTENBURG
Angleterre	East-West Foundation, 188 Old Street –LONDON EC1V, 8 BP
Argentine	Macrobiotica Universal, Paraguay 858 – 1057 BUENOS AIRES
Belgique	Den Teepot, 66 rue des Chartreux – 1000 BRUXELLES
	Centre Kimura, Predikherenlei 12 – 9000 GENT
	Oost-West Centrum, Conscience St. 44 – 2000 ANTWERPEN
	Hôtel Ignoramus, Stationsstraat 121 – B-3665 AS
Brésil	Instituto Principio Unico, Plaça Carlos Gomez 60, 1ᵉʳ Andar, Liberdade – SAO PAOLO
Espagne	Vincent Ser, 2 General Mola-Olivar 1 – 46940 MANISES, Valencia
France	CIMO (Centre International Macrobiotique Ohsawa), 8 rue Rochebrune – 75011 PARIS
	Cuisine et Santé Macrobiotique, Pont de Valentine – 31800 ST GAUDENS
	Terre et Partage, 4 place de l'Eglise – 67140 REICHSFELD
Guadeloupe	Michèle Weinsztok, Centre Macrobiotique, 58 rue Frébault – 97110 POINTE A PITRE
Grèce	Centre Macrobiotique Hellénique, Vatatzi 25 – 11472 ATHENES
Hollande	Oost-West Centrum, Weteringschans 65 – 1017 RX AMSTERDAM
Italie	Un Punto Macrobiotico, via Nazionale 100 –62100 SFORZACOSTA
Israël	Macrobiotic Jerusalem, P.O. 618 – JERUSALEM 91006
Japon	Nippon C.I., 11-5 Ohyamacho, Shibuya-Ku – TOKYO 151
	Osaka Seishoku, 2-1-1 Uchiawaji-Cho, Chuo-Ku – OSAKA 540
Liban	MACRODETTE (AGHAJANIAN), rue Sassine – Achrafieh – BEYROUTH
Luxembourg	Hubert Descamps, « La Moisson », rue Kettenhouscht – L-9142 BURDEN
Portugal	Carlos Ricardo Cortegaça – 2715 PERO PINHEIRO
Suède	Västergötlands Makrobiotiska Förening, Björklyckan, Hössna, S-523 97 – ULRICEHAMN
Suisse	International Macrobiotic Institute – 3723 KIENTAL
	Le Grain de Vie, 9 chemin sur Rang – 1234 PINCHAT
USA	Kushi Institute, P.O. Box 7 – BECKET, MA 01223
	G.O.M.F., 1511 Robinson St. – OROVILLE, CA 95965

Imprimé en France par CPI
en novembre 2015

Dépôt légal : novembre 2015
N° d'impression : 132071